熊孩子
日记

Diary of
a Witty Girl

凤逸凡/著
Written by Yifan Feng

凤元利/插画
Illustrated by Yuanli Feng

全国百佳图书出版单位

时代出版传媒股份有限公司
安徽人民出版社

图书在版编目（CIP）数据

熊孩子日记/凤逸凡著.—合肥:安徽人民出版社,2015.9
ISBN 978‐7‐212‐08347‐2

Ⅰ.①熊…　Ⅱ.①凤…　Ⅲ.①日记—作品集—中国—当代
Ⅳ.①I267.5

中国版本图书馆 CIP 数据核字（2015）第 230717 号

熊孩子日记

Diary of a Witty Girl

凤逸凡　著

Written by Yifan Feng

出版人:徐　敏　　　　　　　　责任编辑:朱　虹　陈　蕾
责任印制:董　亮　　　　　　　装帧设计:陈　爽

出版发行:时代出版传媒股份有限公司 http://www.press-mart.com
　　　　　安徽人民出版社 http://www.ahpeople.com
　　　　　合肥市政务文化新区翡翠路 1118 号出版传媒广场八楼
　　　　　邮编:230071
　　　　　营销部电话:0551-63533258　0551-63533292(传真)
制　　版:合肥市中旭制版有限责任公司
印　　制:合肥锦华印务有限公司
　　　　　(如发现印装质量问题,影响阅读,请与印刷厂商联系调换)

开本:710×1010　1/16　　印张:15.75　　　字数:180 千
版次:2015 年 9 月第 1 版　2019 年 10 月第 6 次印刷

标准书号:ISBN 978‐7‐212‐08347‐2　　　定价:35.00 元

目录

Contents

序一:像风一样自由

凭我的经验,但凡自诩为熊孩子的,多半是如假包换的好孩子。

譬如这本《熊孩子日记》的作者——风逸凡,一个看上去沉静温和的十六岁女孩。风逸凡属兔,昵称"小兔",圆脸饱满,乌发齐眉,抿嘴一笑眼睛就弯成了月牙,煞是可爱。最钟爱骑士队的勒布朗·詹姆斯,在学校的篮球场上能和男生一较高低,从小学起就跟随爱旅游的父母踏遍千山万水,在三亚的海边流连,在滇池的岸边喂鸟,在西安的古城墙上骑车,在普吉的碧水里潜泳……当别人还在为选择哪所高中纠结万分的时候,她就已经顺顺当当地拿到了心仪学校的直通证。以本地文学潮流风向标著称的公共知青沙龙"安徽好文字盛典"将2014年度大奖颁给了这个小姑娘。在这个原本属于成人的文学颁奖礼上,踏着红毯走来的小兔没有丝毫害羞扭捏,面对镁光灯落落大方,谈吐得当,还引发了场内笑声连连。当然,这些并不足以让我们刮目相看,真正使人拍案叫好的是,这一篇篇如同行云流水般酣畅淋漓的日记。

写日记曾经是不少孩子的梦魇,盖因老师布置的家庭作业,不得不写,苦思冥想,绞尽脑汁,最后出来的东西不是味同嚼蜡,就是荒腔走板。不过,如果从客观王国进入了自由王国,你就会发现,其实没有束缚的日记越写越快乐。小兔的《熊孩子日记》中这些洋洋洒洒的文字,是她在结束中考后开始创作的。没有任何督促和规定,她放弃了考试后的狂欢,选择了"猫"在书房里奋笔疾书,将电脑键盘的敲击声连缀成一曲动听的乐章,即使挥汗如雨,也甘之如饴,真正将写作变成了一件无比快乐的事。在愉悦了自己的同时,也让我们这些成年读者能够一窥当下校园的万种风情,勾起自己多年之前某段尘封已久的记忆,忍不住会心一笑。

好吧,让我们来看看小兔笔下的初中生涯。《跑啊跑啊跑》记述的是体育课上的千姿百态,为了偷懒各出奇招,最终被老师的"火眼金睛"识破;《忍辱负重的工作》写的是抄作业的小伎俩,女生们忍受着厕所的恶劣环境艰难地抄作业,精神倒也可嘉;《冬天的盼望》记录的事情与教室里的暖气片有关,在孩子们盼星星盼月亮之下,暖气片也无法承受生命之重,把教室变成了烂泥塘;《后面的黑板》虽然主角是黑板,但是真正有意义的是黑板上的内容,一段擦不去的青春足迹;《与他们相遇》则将焦点对准了学生家长,两代人观念相互碰撞下产生的微妙心理变化;即使是在《老妈生日快乐》这种常规文章中小兔也不走寻常路,许下了这样的诺言:"好好学习,天天向上。赶快毕业,带你去疯……"

纵观小兔的日记,其驾驭文字的能力已经远远超过了她的同龄人,甚至与高中生相比,其老练娴熟的写作技巧,运用起来也是毫不逊色。譬如《课桌承载的……》一篇，开头写道："课桌，是陪伴成长的东西。睡觉，枕在桌上。写作业，趴在桌上。口水，留在桌上。泪水，滴在桌上。草稿，打在桌上。三年的生活让一张张桌子融进了记忆，成为必不可少的一部分。"寥寥数句排比，层层递进，将小小课桌与学校生活记忆紧密衔接，既自然又贴切，上下过渡得不着痕迹。又如在《跑啊跑啊跑》一文中，小兔形容跑得慢的同学，就像"一节被抛弃的旧火车车厢，颠颠簸簸，凄惨十分地拖在后面"，其情之哀、其状之惨，一个传神的比喻就栩栩如生地表达了出来。再如，形容期待下课的同学看到钟的指针指向下课时欣喜若狂的表情，小兔写道："刚刚脸黑的妹子再次带着面瘫的脸和满身的阴郁气息回头，顿了一下，立马阳光灿烂，大扫颓势，嘴咧得像穿了十年再也紧不了的棉裤腰。"即使不在现场，也能让我们在脑海里立刻清晰地勾画出一个傻乐孩子的笑脸。唯一纳闷的是，这么一个小小年纪的城市妞，怎么会知道古老的棉裤腰为何物？

为文之道，贵在真实，真实才有力量。怎么做到真实？用大量扎实细节而非空洞议论说话。且看小兔描写的运动会上的众生相："几个汉子"穿着小背心，显摆自己的那点腱子肉；"几个妹子"穿着田径裤，白花花的大腿看得人赏心悦目。跑100米的高中男生，两只毛腿"飞快交替，双目紧闭，嘴唇下撇，下巴向里缩，双下巴挤出好几层"。跑1000米的那一位，"略显臃肿的墩墩认真地向前，穿着一件单衣的他浑身的肉在律动，总让人觉得节奏感十足"。没有对生活细致入微的观察，是没有办法将这些场景描绘得如此活灵活现的。写人物，用方言的巧妙模拟，凸显化学老师的特点；

用一个打手心的假动作,生动地刻画出一个慈祥善良的门卫大爷形象;用"额头上一个丰满性感的大红圆"这个熟睡后的显著标志,一个娇憨可爱、带着几分傻气的同学模样呼之欲出。说到在课堂上睡觉,我自己也有亲身体会。晚上看书弄迟了,早上起床后整个人就昏昏沉沉。坐在课桌前,如果保持一个姿势不变的话,很快就能坠入甜美梦乡。如今的中学生学习压力与日俱增,尤其是中考前夕,学得昏天黑地,睡觉也成了一件非常奢侈的事。所以,看到小兔写道"每当我睁开眼睛,伸伸压得发痛的胳膊,揉揉发红的额头,只感觉整个世界都是满足",不免有几分心酸和感叹。

小兔写作的高明之处还在于她的语言具有一种不动声色的幽默感,一种与搞笑、滑稽截然不同的喜感,这是非常珍贵的写作状态。面对趾高气扬的学霸,小兔敢怒不敢言,抬头看看她的背影,越来越像"雪姨";听到学生抱怨笋瓜炒肉里面放的肉太少时,食堂大妈干脆利落地铲下一大片笋瓜,然后"露出率真的笑容",读到这里,我们也不禁为"机智"的大妈要点上一百个赞……读小兔的文章,常常忍不住要乐出声来,心生感慨:这孩子,难为她怎么想出来的。

除了校园生活,小兔踏遍千山万水,集结的旅途心得也颇为动人。和一般小资文青面对青山绿水感悟人生却略显造作的游记不同,她描写的异国他乡有着十分独特的视角:一头36岁的母象,卖竹筒饭的松垮老太,对烤肉图谋不轨的猫咪,马布岛上抢糖吃的孩子,带着淡淡臊味的羊驼毛围巾,疯狂暴走四处乱窜的企鹅……这一切都与秀美、恬静、旖旎、壮阔等一些熟知的风景写法相去甚远,却带给我们一种新鲜的阅读体验,以及独特的审美趣味。譬如小兔眼中的星空是这样的:"亮度不一的星,大小不同的星,散落四处的星,密密麻麻的星,铺天盖地的星……一条淡白色长带浮在那,类似风干了的口水,那是我在明信片上看过的银河。"小兔眼中的雪山是这样的:"隔着湖看山,满山的树和疏密不一的积雪让整座山看起来像件粗纺的混色毛衣,白一块,黑一块。带着细碎毛边的雪,还在肆意逃窜。广阔的湖仍然敞开怀抱,也不知道吞掉了多少块碎片。"将银河比喻成风干了的口水带子,将雪山比喻成粗纺的混色毛衣,这样恣肆的想象力堪称"疯狂",灵气逼人。

作为一枚资深小"吃货",小兔对于食物的描写别具一格,充满张力。来看这段对椰子的叙述:"青色的椰壳被粗暴地割开一口,富足的汁水随时准备外漾。清甜的椰汁汪汪的一大摊,滋养着紧贴椰壳的乳白果肉。快速吸干,抄起勺子一阵挖舀掏抠。蜷着手腕,拧着胳膊,只为铲下一块软弹椰肉。"颜色之饱满,动作之凌厉,画面感十足,冲击力爆棚。更让人拍案叫绝的是关于泰国街边的竹筒饭,她如此写道:"竹子自己的清香也深深钻进米的魂,随着外壳的剥落淡淡地荡出来。"有如神来之笔,尽得竹筒饭的精髓。竹筒饭若有知,应引小兔为知音矣。

《熊孩子日记》给我们的是一个与课本、杂志中呈现的所谓中学校园完全不同的独特世界,一种非典型非传统的少年生活,一场肆无忌惮、激情四射的文字奇幻之旅。在这里,我们没有看到对友情师恩的赞美以及对战胜各种困难挑战的自我表扬,没有不遗余力的煽情,也没有词不达意的歌颂。虽然这些东西我们不能说它虚假矫情，但也早已司空见惯，流于形式。小兔的文字发自内心，毫无矫饰，固然有些地方还显得粗糙和稚嫩，有待不断精雕细刻，然而文学的感染力，有时恰恰就在于这些近乎原生态的粗糙和稚嫩，因为那更接近生活的本质。更何况我们这个年轻的作者，随着写作经验的不断累积，文笔会越发老辣，嬉笑中会愈见锋芒。

一直以来，我认为能与文字结缘的人，心灵会无限丰富。当我们还是婴儿的时候，习惯用嘹亮的啼哭表达自己的情绪；长大之后，我们就可用笔来记录并传递更为复杂的想法和感受，而其他人也能透过我们的文字，增进互相的了解，拉近彼此的距离。俗话说："文如其人。"文字就是我们展现在世人面前的一张脸。究竟是粗糙还是精致，是虚伪还是真实，是无病呻吟还是言之有物，总之你笔下的文字会明明白白地告诉大家，你是一个怎样的人。

套用科尔沁夫的一句话：内心纯洁的人前途无量。拥有笔尖下的人生，是一种别样的幸福。但愿这只在文学道路上刚刚振翅起飞的雏燕，努力飞得更高更远，打开属于自己的一片天。

拉杂写了这么多，谨为序。

月　光

2015 年 4 月

序二：奔跑吧，小兔

我与熊孩子小兔从未谋面，认识她是通过小风老师的微博。娃娃头的齐刘海下，一张婴儿肥的嘟嘟脸，外表萌萌哒。小兔属兔，古语说静如处子、动如脱兔，小兔绝对名副其实。

安静的小兔，喜欢挂着炫酷的耳机，静坐一隅十指翻飞，一行行一篇篇地写字玩。在她笔下：闺蜜、好友、师长、店铺老板、晨练大妈，人人有趣；山水花草、头上的云、脚下的浪、异域的羊驼，物物生动；趣事、糗事、尴尬事、开心事、身边事，事事有味。

跳动的小兔，从小跟着一对闲不住的爹妈，四海奔跑，踏遍万水千山。高山蹦极，天地辽阔尽在眼前；深海潜水，群龙鱼虾共舞蹁跹；飞天跳伞，在三万英尺高空生生将一张呆萌的兔脸变形为狰狞的猪头。平日里的小兔酷爱篮球，球场上各种英姿霸气十足。

亦静亦动的小兔，拥有一颗细腻敏感的心和一双洞若观火的明眸。一丝风动、一片云卷、学霸故作谦虚的腔调、路边男人嘴角边的牙膏沫子，都在她的字里行间一一展现。敏锐的观察力、精准的表现力，还有天生的幽默感，使小兔的文字生动俏皮，画面感极强，仿佛一抬脚就可以走进文章里，与文中人一起嬉笑打闹。在小兔的文字间行走，常常猝不及防被点中笑穴，抿嘴笑、咧嘴笑、抽筋笑和各种笑不可支。普通人物的寻常故事，在她流畅诙谐的笔下，精彩传神。即使是单调乏味的应试学习，在小兔这个鬼精灵的眼里，也能折射出无数难忘而愉快的瞬间。随处可遇的笑料迎面而来毫不矫情，这是一份来自骨子里感受生活的能力，与写作技巧无关，源于小兔的天性禀赋。

就这么一路走着、写着、玩着，熊孩子小兔走到了花季的十六岁。活力四射的小兔，冰雪聪颖的小兔，洒脱精彩的小兔，这些年虽未谋面，却一路读着她的文字，听着她的笑声，看着她成长，从未觉得陌生。近几年在网上断断续续读到"熊孩子日记"，欢喜之余颇感不过瘾。2015 年年初，听说小风老师要为小兔结集出书，非常高兴。小兔热情无羁、青春逼人的文字，使我这名老文青充分享受了阅读的乐趣，也为这个孩子的蓬勃成长倍感欣慰。在得知消息的第一时间就腆着脸预定了《熊孩子日记》，并毛遂自荐要为小兔的处女作写篇文字，就写我心目中的熊孩子小兔，想对她说：世界这么大，随你去奔跑。

许　燕

2015 年 6 月

自　序

　　这几周，课间闲聊的话题变成了学文学理。高一，很快就要结束了。初三暑假在电脑前边酣畅淋漓、诉尽心事的情景还历历在目。从五六年级开始，就养成了一周一篇的好习惯。班里的同学争先恐后地抢先评论，情绪高涨地讨论情节，都让我爽得吱吱冒油。所谓的写作兴趣也就是被同学一声声的大笑捧出来的，几段文字在空间上一发表，五秒钟就有三四个同学回复，自豪感、满足感、成就感、幸福感一起把我淹没。这些文章，是课间的谈资，是彼此说笑的话题。

　　初三的暑假一过，大家各自扎进各自的高中、各自的话题、各自的生活圈子。这些初中当成笑料的片段就成了回忆的快捷键。空间很久没有更新，但他们依旧习惯性地翻看着两三年前的欢乐时光。

　　每一篇文章都是摆在面前的任意门。它带着我回到和同桌的打闹，回到中考的考场，回到运动会，回到在题海中迷茫的悲惨夜晚。每一篇文章都是怀旧的捡拾者。它把我们喜新厌旧抛下的、无暇顾及的片段小心翼翼地捧在手里。只等我回头。

　　某天早上，刚推开班门就看见我的高中兼初中同学吊儿郎当地坐在桌上，事无巨细，大谈特谈我初中的黑历史。"初中的事你记不清就别乱讲。"她毫不掩饰地冲我大喊，"昨天半夜翻你空间，你自己写的还怪我喽！"

教室里的秘密

The Secrets in the Classroom

. . . .

　　老师长辈们总教育我们要善待学校的公共设施，这不无道理。黑板，桌椅，跑道，甚至是垃圾桶和窗帘，我们在它们的围观下偷懒要赖，嬉笑打闹。

十　五　秒

当如同防空警报般的中考铃声叫嚣了最后十五秒,当英语答题卡被一只酱色的、暴青筋的老手扯走……就这样结束了。

很多人安慰我们,这只是一场普通的考试。陌生的桌椅,陌生的监考老师,陌生的讲台上陌生的抹布和窗外陌生的树,它们都在提醒着这场考试的特殊性。准考证是必须摆在桌上的。那张被拍得变形的脸面朝着我的方向,让我不得不用草稿纸把它盖得严严实实。内心在抽搐,外表是沉默;内心是巨浪排崖,外表只微微波澜。明明是写了十几年的名字,下笔之前还要略微斟酌。已经结束了。说不上痛苦更谈不上愉悦。我还没来得及拉下老脸装个好学生,我还没有看够初二妹子跑操的卓越风姿和无病呻吟,我还没来得及欣赏班主任脸红脖子粗的小样。

我曾经以为,在中考结束的那一刻,我会歇斯底里地发泄,尽情地潇洒,或是回忆往事止不住悲伤。可当那一刻真正到了,我发现我太小瞧了自己,把自己想得太脆弱太矫情太容易沉迷于往事。就像是小升初那年的夏天,我和我的同学们手拉手心贴心地许下诺言,我们要做一辈子的好朋友,每年寒暑假都要在一起聚会。我还曾经憧憬过三十年后我们相聚的场景,却发现这三年来我们没有哪怕一次整齐的聚会。也许以前的两年都因为大家学业太忙,但在这个初中老师管不到高中老师还没来的暑假,小学的班群里依然死气沉沉。偶有消息的,都是类似"今天的腾讯老板女儿的生日,转发祝福可以免费获得会员!"这类有辱智商的。想想那是当初太高估自己,以为自己重情重义,在享受新生活的同时对曾经的美好时刻不忘。一位跟我小学初中都同班的妹子在群里吆喝聚餐,结果报名的用一只手都能数得上来。连免费的晚餐这种奢华的诱惑都无法挽救大家前赴后继赶往需要自费的初中聚会。

当我终于闲了下来,有时间和机会与从前的同学见面,我却有点不情愿。隔了三年,在基本的寒暄和回忆后无事可做。我们不再确信彼此熟悉,我不肯定我点的饮料是否对她的胃口,我也不再好意思强行把它灌进她肚子里。当中考结束的那一刻真的到来,唯一的想法就是赶紧离开考场,前面的哥们儿汗味有点大。

跑啊跑啊跑

　　小学,体育课是种盛大节日,提前两节课就抓耳挠腮,翘首以盼。初中,体育课却是提前两节课就开始有强烈的生理反应。我感觉自己得了"不能跑步病"。

　　因为体育中考的缘故,初一就要开始训练长跑。相比于小学时的体育课就是尽情撒野的美妙,这种枯燥费力劳神的活动受到了集体一致的鄙视。使尽浑身解数,耍泼撒娇假装生理期,且不分男女。三年来,几乎人人写得一手好假条,格式工整,字体狂草。

　　初一的时候,初中部离大学的操场有些距离。为了图省事,跑步常常是围着网球场的外围和篮球场的内场进行的。由于视线受阻,体育老师只能看见大约一百米的范围,剩下的完全被遮掩严实。于是乎大家都练就了百米冲刺的技能,在奋力迈开大腿一百米后直接进入休眠阶段。蹲下来系个鞋带啊,坐在地上聊天啊……有时候时间没把握好,让不明真相的体育老师十分为我们担忧,只好亲自走过来瞧瞧,于是就看见了如下的情景:一堆人挤在不太宽敞的路上,撅着臀部系鞋带。吓到体育老师的后果就是

6

绕圈跑改为折返跑。智慧的我们又萌生机智的计划：混迹于人民群众的汪洋大海中。

这些美好在搬到新校区后统统幻灭。崭新可恶的跑道就在教学楼下。除了体育课，又孕育出一种叫作跑操的玩意。前几次几乎是在走走停停看风景，后来渐渐变成了骡马拉练。就像是最残酷真实的自然生存法则，跑得快的自然是冲在前面，一边炫酷地在风中凌乱发型，一边回头嫌弃后面的同学。跑得慢的就像一节被抛弃的旧火车车厢，颠颠簸簸，凄惨十分地拖在后面，喘着气，受着眼神的羞辱。最不济的干脆混进草地上的做操阵中，死皮赖脸地站在低年级的队伍后面，低头哈腰地以免突出的身高引来围观。等跑操结束的时候再自以为毫无痕迹地混入队伍。为了和一堆发丝飘飞五官扭曲的同学保持一致，不得不掐着腰，喘得像条狗。

体育课更是一场头脑风暴。又是一次长跑测验，刚起步二三十米，一组人还处于一横排的状态，有一个女生在耳边喋喋不休："绊倒我。绊倒我。"在内心良知的驱使下我依然目不斜视，静静地看着我和最前面的那个身影越来越远。一圈。刚刚那个女同学来到了体育老师视线范围内的直道。下一秒，她就爆发了。"啊！妈啊！天啊！"就这样她带着跛脚的姿势，一副楚楚可怜的样子，连滚带爬地来到了体育老师的面前。"老师！我扭了脚！"老师头一歪，假装四处看风景去了。

第二天上学，这个和我一个小区的女同学沉思着，我默默地提防。"啊！"再看，她已经顺势坐在了一个无辜的窨井盖上。"我脚崴了，你可要替我作证啊。"扶还是不扶？思考片刻，我走了。

钟的故事

如果把老师粗略地分为两种，无非是资历深的、资历浅的。资历深的老师上课游刃有余，但经常莫名其妙地陷入自我夸奖的漩涡，无法自拔。资历浅的老师倒没什么自吹自擂的资本，但总是出现尴尬的断片，慌乱地翻着讲台上摊开的资料，思绪凌乱如麻。这些无聊的时间怎么打发？静静地凝视秒针转动是个好主意。

初一的数学课，老师跷着兰花指捏着粉笔头在黑板上画图，嘴里不忘叨叨："同学们知不知道啊，老师我上一届中考整整压中了两题喽！嘿嘿……"说着自己还笑出了声。前几句还在认真地听，可老师越来越起劲，手里把玩着粉笔，侃侃而谈，完全把画了一半的图遗忘。大家的造型渐渐统一起来，单手托腮，目光涣散又带着迷离，半张着嘴，眼睛往上瞟。

半学期后，班主任发现了这个现象，为了保证听课质量，把钟从墙面移到了后面。我的个子还算中上，再加上调换座位确实是项浩大工程，所以一直坐在靠后的位置。坐在这种位置有时候会被前排头大的同学严严实实地挡住视线。坐在后排自然就坐拥很多福利,前排同学偷看漫画、传小纸条、睡觉,甚至是桌肚里的粉丝包子、茶叶蛋都瞧得一清二楚。看到的还远不止这些……

上课十分钟,第二排的男生猛回头,瞥了一眼挂在后面的钟,嘴角一抽。上课二十分钟,第一排的妹子一脸凝重地转过身来,满脸疲惫地抬头,瞬间脸就垮了。"感觉一个上午都过去了,居然只过了二十分钟!"离下课还有五分钟,刚刚脸黑的妹子再次带着面瘫的脸和满身的阴郁气息回头,顿了一下,立马阳光灿烂,大扫颓势,嘴咧得像穿了十年再也紧不了的棉裤腰。

下午第一节物理课,春困的诱惑加上物理老师催眠的语调,大部分人都扛不住了,但碍于老师凶狠的小眼神和一向不留情面的作风,大家都强打精神,打哈欠也不敢张嘴。前排的女生先是捋了一把辫子,然后头扭向后面,看钟的同时旁若无人地打了一个到位的哈欠。那一刻,五官是走样的,下巴是多层的,气质是低端的。另一个男生显然是睡着了,头靠在撑在桌子上的胳膊上,沿着胳膊慢慢下滑,下滑,下滑……在脱离手臂的那一瞬,脑袋没有了支撑,向下一顿,猛然惊醒,一脸倦样地回头,挑着眉毛瞄了一眼时间,后颈上的肉都拧出了层次感。瞳孔里一秒钟破裂的希望,又一秒钟充满了光芒。回头时脸上肉肉横移,不经意间脖子上出现了肥肉堆积。

有了这些随时敲响的警钟,我从未忘记戴手表。

睡在课堂，满足在心

小学上课时也常会倍感无聊。发呆？传纸条？但在初三，睡一觉是唯一完美的选择。

上课睡觉时出于警觉，都会央求靠窗的同学拉上窗帘，提防走廊上来回巡视的班主任。计划看起来很完美，直到某天我用余光瞧见一只手穿过没关的窗户，粗暴地扯开了窗帘，接着，一张大脸就凑到了窗前，目光喷火地注视着睡得七荤八素神智不清的同学们。第二天早上，窗帘已经不见了。去班主任办公室接水，发现翠绿的窗帘被窝成团，随意地和没收来的漫画一起堆在角落里。

在教室睡觉无非就是侧着和趴着，这是两种截然不同的惨不忍睹。坐在我后面的男生就习惯趴着，最直接的后果就是睡醒时额头上那个饱满性感的大红圆。"起了起了！要听写了。"下午语文老师突然要听写，我赶紧回头叫醒他。推了半天，他终于迷迷糊糊地抬起头，额头上的大红圆，一根口水拉丝连接桌子和嘴角，丝上托着一小颗晶莹的口水珠，随着教室外吹来的风左右摇晃。侧着睡，又是另一种别样的丢人现眼。左边的女生经常侧着，理由是

11

呼吸方便。但我看到的，是她的嘴唇被手臂挤得像鸡喙，脸上饱涨得快要爆炸的肉，偶尔还有在半开半合的眼皮下迷离转动的眼球。风来了，她的长发飘起，粘在嘴边的口水上。阳光来了，她逆光的耳朵上一圈金色的细小绒毛。顺着嘴角，黏稠的口水一滴、两滴，渐渐逆流成河，打湿了一段课文，洇开了一行笔记。

三年，大家练就了秒睡的技巧和绝对抗干扰的本领。不管心里多乱，外面多吵，先睡一觉再说。考砸以后是带着悲痛在梦里疗伤。嘚瑟的时候便沾沾自喜坠入梦河。心情纠结，就在反复思索中不知不觉睡去。看破红尘，就在平静里无声无息地意识迷乱。在老师的谆谆教导中睡着，感觉在梦里也沐浴着知识的阳光。在同桌的善意提醒下惊醒，不太能睁开眼睛，但看得见被发现的焦急小样。每当我睁开眼，伸伸压得发痛的胳膊，揉揉发红的额头，只感觉整个世界都是满足。"口水先擦一下啊。"同桌斜着眼一脸不待见地小声说。

忍辱负重的工作

　　他们在走廊上一字排开，面对教学楼外的球场，一边紧锣密鼓地抄作业一边暗地里观察楼下班主任的行踪。教室的角落里，鬼鬼祟祟地窝着一个人，几本课本遮遮掩掩，下面藏着一本薄薄的作业本。临近上课，课代表的身边，一群人低头哈腰地跟着，等着课代表松口。到处都是飞速写字的匆忙身影。

　　冬日的清晨，被告知小区停水停电。一番咒骂后，狂奔赶往学校解决卫生问题。10分钟以后，我踏着小火轮冲进学校的厕所。急匆匆地拉开最近的门，嗯？有人？再拉第二个，还有人？难道今天家里都停水吗？突然，一只手从厕所的门底下伸出来，小声地催促："给我，快给我。"毛骨悚然。还没反应过来，砰！厕所门被踹开了。"你不是来给我送作业抄的吗？来厕所干吗？走！走！走！烦人！"同学严肃的表情散发着义正词严的光芒。我默默转身离开。回到班里，门口赫然堆着几个书包。歪在暖气片上焐手，不禁为她们工作环境之恶劣担忧啊。在飘着淡淡骚气的厕所，在地面不干净的隔间里，把作业本按在极少清洗的墙壁上。有时厕所湿气大,纸质低劣的作业本还会吸水发软发皱。大冬天的,阴冷的厕所常有阵阵诡异的飕飕凉风。唉!这都是被逼的。

　　终于有一天,班主任对着书包们沉思许久,然后茅塞顿开,一路小跑来到厕所前,在门口犹豫徘徊了一下,果断地冲了进去。"都出来!出来!"可厕所里的姐们儿凭借过硬的心理素质和耐心侥幸逃过一劫。班主任灰头土脸地回到班里。"你知道她们都去哪里了吗?""啊,她们去买圆规了。今天数学课要带的。"我为了增加可信度,还郑重万分地点了点头。趁着他出去,我赶紧发短信通知厕所里的人。十分钟后,她们压着上课铃声拥进班里,人手一个圆规。

课桌承载的……

课桌,是陪伴成长的东西。睡觉,枕在桌上。写作业,趴在桌上。口水,留在桌上。泪水,滴在桌上。草稿,打在桌上。三年的生活让一张张桌子融进了记忆,成为回忆必不可少的一部分。

中考时我的考场在二中。第一门是语文。一坐下就看见桌上写着"逢考必过,绝不挂科"。一下子就充满了能量。后来想想,中考要是只满足于及格,就真没脸见人了。

大部分中学生的生活在老师、父母眼里都是单调的,其实大家的内心里都摆放着各种各样的男神女神。"娜般纯杰的恋爱""你是光明道我心中",这些一看就是有些年头的字迹了。现在走到小学部,初一初二,占领版面的都是类似李敏镐、金秀贤、吴亦凡、鹿晗这种。常常感叹岁月催人老,我已经老得被时代潮流抛弃了,审美价值取向已经是在和潮流背道而行。

桌子是一种载体,是忠实的记录者。它为青春期荷尔蒙旺盛的少年们提供了宣泄情感的平台。日子久了,它们便成为木质的八卦报。"××我爱你"这种级别,如果分十级的话顶多三级。刚上初三的时候,曾经在桌上看到:"如果你问我,我是不是真的爱你"这样一句话,我一度以为这只是一句歌词。直到有一天无聊,我将钉子脱落的桌板翻过来,才看见它的背面还有一行字:"看,哪怕我来到了世界的另一边,我依然爱你。"

　　后来,有一个美国的校长团来我校访问,年级组组长组织大家大扫除,其中包括擦洗桌子。一顿狂擦硬抠后的桌子变得整洁了、干净了,但上面的钢丝球印记远远逊色于手写的一句歌词、随手的一幅小画。画很抽象,字丑得见不得人。但不知道为什么,它却吸引着我。我在教育机构上课时,一开始,教室简直就是涂鸦墙,连空调上也被签上了名字。现在,教管用蓝色的漆粉刷了墙面。教室的格调看起来高了,却有点不自在。也许老师和领导永远在嫌弃我们这种到处留名、乱涂乱画的行为,我却认为这是一种校园文化,只不过他们没有耐性慢慢体会。它显示出我们的成长,从一开始的无厘头话语或是一句脏话,到后来的歌词、表白,再到自己的点滴感悟。大家写在桌上的东西在变,思想在变,人也在变。有时候去老爸的公司,看见他们的员工桌上没有丝毫笔迹,不知道他们是不是已经学会压抑自己内心的冲动,或是已经不再屑于随时记录自己的心情变化,更不想这么轻易地流露情感。这是成长,是成熟,但少了些什么。

永不停止地找亮点

"友谊第一比赛第二",这是我们从小就从长辈那里学来的口号。"找亮点第一嘲笑第二",这是这么多年我们自己悟出的道理。运动会一般在九十月份举行,不知是因为季节特殊,还是因为命衰,从四五年级起,没有哪次运动会不下雨的。下雨的天气又尴尬又浪漫。对于企图展现英姿的同学来说是晴天霹雳,但对于大批大批与我相同的、没有项目只想看热闹和笑话的"熊孩子"们来说,这简直是天赐良机。

八点钟的运动会,我六点五十就兴高采烈地跳出了家门,一路上享受着淅淅沥沥的小雨,心里构想着大家精彩的糗样。果然没让我失望,一来到运动场,就被两眼放光的某人拉到一旁,指着沙坑说:"哎,你看你看,这个沙子都软掉了,稀烂稀烂的,待会我们注意这个沙坑啊!"于是我们占领了一个有利位置,说辛酸点,就是在台阶上找了个没被踩过的地方坐下。

雨有愈演愈烈的趋势。本来沙坑里就没什么沙子,为了看起来饱满,校工不知道从哪里找来了几车土,经雨水一泡,更加狰狞。

可越是狰狞心里越是兴奋。真不知这是什么心理。在土和沙里滚了几个来回,实心球就像个粪球一样,沾满了褐黄的、半稀半干的固液混合体,再经过运动员的来回折腾、手扔脚踹,在空中飞翔的样子准准地中了我的兴奋点。

和跑步有关的项目一直是提升气场和形象的利器。每次运动会,不管冷热,总有那么几个汉子穿着小背心,显摆自己的那点腱子肉。总有那么几个妹子穿着田径裤,跑起步来更是各有各的卓越风姿,各有各的妖娆戏法。男子 100 米,一个高中男生,两只毛腿飞快交替,双目紧闭,嘴唇下撇,下巴向里缩,双下巴挤出好几层。男子 1000 米,一位略显臃肿的墩墩认真地向前,穿着一件单衣的他浑身的肉在律动,让人觉得节奏感十足。

看台底下,是一个三级跳的坑,因视觉关系,只能看见坑,助跑道被人群挡得严严实实的。坐在上面,只看到一会从那边飞出来一个人,拍在坑里,一会儿又飞出来一个,摔得满身泥。他们乐此不疲,我们看得倒也很欢乐。

虽然说起来大家都在干一些嘲笑、戏弄等的勾当,但当班里同学在赛场拼搏,在跑道上挥洒汗水,平时再不熟悉的同学,也不会袖手旁观。当自己的同学战胜众人,拿到荣誉,会真心为他高兴。当有同学在赛道上摔倒,大家会一拥而上地挤在看台的栏杆前,明明隔着很远,却还是要给他也许听不到的鼓励。在运动会上,千篇一律的稿件,运动员的忸怩姿态,常常成糊状的沙子都是最好不过的娱乐话题。但拼搏的身姿、狂野的呐喊、小黄帽志愿者、老师的鼓励安慰,甚至是同学的讽刺挖苦,都别有一番味道。偶尔回忆,觉得那真是青春洋溢的姿态。最最关键的是,运动会是必须穿校服的,而穿上校服裤,走在路上,两个裤腿里灌着满满的轻风,回头率不亚于大冬天雪地裸奔,或是大夏天穿毛衣出街。

被校服遮住的记忆

　　这么多年了，不管外面的世界里，英伦风、韩流、日系是怎么强劲地刮着，我们的校服依然保持着运动服的版型。可能本意是宽大的运动服便于活动，再加上学生发育快，这样会免得麻烦。但实际上，校服被做成肥大的"土豆袋"。而校服的面料也让人难以启齿，作为运动服，最基本的条件——吸汗、通风，它都做不到。最出色的成就就是完美地消除了两性差异。

　　不能说全中国，至少是合肥市，我这十几年大大小小的学校也见得不少了，校服一般逃不出黑白红蓝。偶尔有个标新立异点的，顶多绿黄配。但我们学校的校服居然是橙白配的。是的，就是满大街环卫工人的那种配色。在被要求穿校服的日子里，每天早晨，我看着镜子里的一摊衣服，艰难地找到从衣领里冒出的头，不得不说，穿这种颜色真是考验人气质的时候。但很显然，我们都失败了。

　　曾经看过某学校一年有将近十套校服，但我身边的基本都只是分夏秋两季。现在想想真是用心良苦啊。春天，不冷不热，里面

20

一件不吸汗的纯化纤夏季校服,外面一件不透风的秋季校服。夏天,单穿一件"透明"的夏季校服。秋天与春天相似。冬天,在厚厚的毛衣厚厚的羽绒服厚厚的大衣外,笼上一件用料极为阔绰的秋季校服,呵,正好。

夏季校服几乎不存在大小的问题,颜色也算是中规中矩的黑白两色。但每次跑完操,湿漉漉的校服弹力内衣般粘在身上,远看一片肉色。透视这方面更是罕见的开放和前卫,让一群自以为很放得开的少年无时无刻不拘谨担心。一开始的时候是女生羞涩男生闭眼,平时一个个都以为自己已经很成熟或是自我标榜花心的男生都回到了幼儿园的状态,完全不敢直视周围的女同学。但当女生在校服里额外加上一件短袖,或有一部分人已经彻底没有心理负担了以后,大家惊奇地发现相当一部分自我保护意识超强的男生也在校服里穿上了一件背心。

初二结束了,班主任一脸笃定的神情向我们保证,再也不会穿这样的校服了。于是箱底、垃圾堆、学校的捐衣处,成了这些日夜陪伴我们的校服的归宿。升旗、运动会、春秋游、实验考试……我们套着这件"大麻袋"混迹于各种场合,那看起来诡异的配色却衬托着我们最美的青春笑脸。

冬天的盼望

除了火锅,冬天必不可少的就是暖气。即使是在破旧的老校区,教室里也是有暖气片这种东西存在的。虽说是有暖气,三节暖气片坏了一个半,在大冬天支持一个教室的温暖还是略显勉强。暖气管损坏一般都是在春夏秋这三季。因为坐在暖气片边上的同学总会不自主地搭腿抖脚,抖着抖着,管子在不经意间磨损。

记得初一的冬天,天冷得特别早。中午走在去食堂的路上,感觉自己分分钟就会变成冰坨。邪乎的寒风策马奔腾地赶来,刘海几乎都被连根拔起,可暖气供应的时间并没有提前。在寒风中,好几位同学不幸感冒,为了避免传染,班主任下令开窗通风。这是要了我的命啊!本来靠着五十多个人呼吸带来的热气瞬间散光。不过很快,班主任欢天喜地地带来了一个好消息:下午就要通暖气了。

在激动的盼望中,下午来了。第一节是美术课,这个被大家普遍视为鸡肋的课罕见地勾住了大家的兴趣。暖气!暖气!每个人心里都在呐喊。"呲",它来了!随着断裂的暖气管处喷射出泥浆,整个教室陷入沸腾。但渐渐地,我们发现不是那么回事,好像暖气并没有来,但黄泥挟着污水无间断地向外狂涌。靠近暖气的同学已经无法淡定,一个个背着书包逃离现场。脏水几乎浅浅地在水泥地上覆盖了一层,走文艺路线的美术老师觉得无能为力,转身去办公室找来了正睡午觉的班主任。班主任顶着一脑袋狂野的乱发来到班上,我们纷纷坐在桌上,这时的水已经快淹没一半的桌腿了。班主任一脸的惊慌,如临大敌地卷起裤管冲进浑水中,探寻着漏水的原因。

“快!抹布!”班主任在水中咆哮。附近的同学顺手扔去一件校服。……水终于停下了,我们也度过了人生中最冷的一个冬天。

换了新校区,基础设施有了极大改善,冬天在教室里最多穿一件毛衣。曾经那段抱在一起取暖的经历,真的一点也不怀念。

后面的黑板

　　班级里是禁止看漫画和小说的,虽然大家都在以各种方法挣扎,但好歹有这么一个规定。板报,就成了唯一可以发泄内心文艺冲动的正规渠道。

　　小学的板报基本就是这样的:一只白鸽衔一段绿枝,再写上一句"讲文明树新风"。到了初中,班主任眼里最大的"肥肉"就是平均分。流动红旗、板报评比这类事情,他既无能为力也无心关注,一直抱着放任自流的态度。

　　到了初三,谁也无暇顾及板报这种事情。板报评比在初三年级一度荒废。留下这么大一块黑板,被数学老师盯上,他提议我们每人每天抄写好题上去,供大家交流。但结果是,第二天写的题目一直保留到了中考前的最后一天,而且我从来没看过。

　　从中考前的第一百天开始,就渐渐有了紧张的气氛。每个班的倒计时是必不可少的。因为所有人都懒得擦去那道题,于是我们只好在右上方的拐角处开辟了一小块地方,写上一些数字。以前看小说,都是用"触目惊心"这种词来形容倒计时的数字,但不知是我们学校氛围欢快还是其他原因，就连右上角的数字变成个位，大家也没有多少感觉。上课回头看钟，顺便瞅一眼，哦，还有九天。哎，不对啊，我怎么记得昨天也是九天呢？因为负责倒数数字的同学立志考进一六八，在最后的那段日子里实在没有一丁点多余的精力，每天都沦陷在题海中。其他两个班状况也大致相同，到最后竟出现了三个班倒数数字都不同的"恐怖"局面。

最后的倒数，是不得不经历的过程。从三位数时感觉事不关己，到两位数时时有时无的警惕感，再到个位数是那么真实地想要珍惜的心情，当在校的最后一节政治课的铃声响起，当右上角的数字终于被擦去，有解放的快感，但少之又少。更多的是不知从何而来的伤感和那瞬间从脑海中掠过的无数画面。我和伴我成长三年的同学，一起开小差，一起故意激怒老师，一起承担胡闹的后果，为各自不同的未来一起努力。在校门口最平常地挥手告别，真心祝福。虽说这三年让我们了解了彼此身上的许多不同或对立点，但这一刻，大家都是一样的。我们都是初三的考生，都在憧憬未来，也都希望自己的同学拥有幸福的后续。就像我们年级三个班的倒数数字，在过程中从未统一过，但最后的最后，不还是都归零，都被擦去。

疯 一 疯

搬到新校区后,我们的教室在四楼,最近的一个接水点也要下了四层楼后左转五十米处。下课去接水成了一件麻烦且奢侈的事。班主任为了节约时间,在办公室用班费购置了一个电热水壶。第二天,几乎全班人都挎了个小水壶。

班主任说得好好的,每天帮我们烧水。但几天后,再去办公室接水,他就特别自然地来了一句:"哎,顺便去接个水回来烧啊。"接水不是什么体力活,但每次亲手从厕所接回来满满一壶平时洗手都嫌脏的水,就再也没有勇气喝下去了。在错误的时间、错误的地点,遇上错误的人,这是对去办公室接水碰巧没水,被支去烧水的最好概括。

不过这还不是最惨的。有一次,我和一位同学去接水,她刚把水倒到杯子里,假装改作业的班主任抬起头,说:"你尝一下,热的还是凉的啊?"那位同学以为老师是在关心她,便带着幸福的微笑抿了一口,甜甜地说:"凉的,是不是放太久了啊,老师?""啊,那就是刚才那个谁把水接来没按开关吧。那个你顺便按一下吧。"班主任轻描淡写地说着。我那位同学脸都绿了,颤抖着按下开关键,然后疯跑回班,抢来整整一瓶农夫山泉,拼命漱口。

日子久了,大家渐渐发现经常有人在去接水后一去不复返,有时踏着上课铃进班,还是满脸浓浓的晦气。渐渐地,大家又发现,消失的人几乎都是最近考砸的人。于是一条定理横空出世:只要考得差的,去接水就会被班主任扣下。一时间,学霸成了抢手货。"帮我接个水吧……"下课以后,办公室冷冷清清。偶尔有个学霸去,怀里都抱着七八个水壶。有一次段考,撞大运地考得不错。正在构思如何释放激情,好友走过来,拍着我的肩膀:"这次考得不错啊!走!姐带你接水去!"我们两个拿着小水壶,愣是在办公室里耗了十分钟。期间,玩手机的班主任无数次翻着白眼鄙视我们。哈哈哈,第一次感觉到成绩好这么爽。

虽偶有考好,但考砸的居多。有时遇到学霸羞涩忸怩,自己却又口渴难耐,只好咬紧牙关,迈着极不笃定的步伐挪进办公室。速战速决!办公室的门槛离我只有一步之遥。"哎,来来来,我们聊一下。"班主任的声音从脑瓜子后面传来。我强忍内心的崩溃情绪,面带僵硬微笑地来到班主任身边。接下来的十分钟,班主任滔滔不绝,唾沫星子直飞。我的回应基本就是"嗯""知道了"。忍无可忍的班主任发现我真的太难沟通,瞪了我几眼,手一挥,把我赶走了。第一次被赶走还这么有尊严。

每每考试完毕,大家询问分数时总会含蓄地说:"你能去接水吗?"下课了,办公室门前经常挤着一群拿着杯子、犹豫不决的学生。那些昂首挺胸、阔步迈进的便是学霸或是极度膨胀的学渣。

"你接水吗"在我们班变得像"你吃了没"一样平常。办公室的破水壶,班主任销魂的眼神,在心里像屏障一样难以撼动的那扇门,这是我难以置信的初中回忆。

教室里的秘密

除了考试的平均分，卫生流动红旗是为数不多能把各个班级紧密联系到一起的东西。卫生，包括了日常扫地、周五大扫除、轮流的卫生区打扫。对于我们班来说，这统统是鸡肋。所以三年来，除了卫生评比小组是我们班时拿过两次流动红旗，几乎未曾染指那红色三角状的带着黄色穗穗的锦旗。

初一初二的时候，班里有一只垃圾桶，但班主任常常说，垃圾桶周围的垃圾比桶里的还多。一气之下，便撤掉了垃圾桶。从此，我过上了无法扔垃圾的生活，必须精打细算地过日子，一张草稿纸一定用到无处下笔之后再丢掉，矿泉水瓶子也要塞满一桌肚后再扔到走廊上的大垃圾桶里。更多时候，大家把纸团塞进暖气片里，把纸屑混进拖把堆里，把多余的饮料浇在几盆命硬的植物上，空的瓶子一抬手抛到空调和墙角形成的三角空间里。班里满满的都是不可告人的秘密，一些自称爱干净的同学也无视了这一切，其他同学更觉得这种生活其乐融融，逍遥自在极了。可有一天，物理老师嫌空调对着她吹太冷，径直走到空调前，粗暴地用手推了下空调。

30

"哗啦啦啦……"瓶子洒落一地。物理老师目瞪口呆地站在原地，底下的同学捂着脸，一副秘密被发现的羞涩感。

扫地的时候，班主任不放心地留下贵为学霸的卫生委员镇住可能随时开溜的我们。学霸很不耐烦，叫嚷着我们耽误了她的宝贵青春。在教室里踱步，一张遮天蔽日的臭脸，嘟哝道："你这擦得不行！"我正在擦桌子，她从身边掠过。"你来擦试试啊！这都是不知道多少年前的水笔印了，说擦就擦掉啊！不爽你就走，好吧！我……"刚刚被难擦的痕迹虐得筋疲力尽的我瞬间被点燃了斗志，站了起来，说着说着，我仿佛看见她四周的学霸光芒，脸上写满"我是学霸"，语气不知不觉地弱了下来。"我可管不了。擦！"学霸丢下这句话，转身离开。我蹲在地上擦着桌子，抬头看看她的背影，越来越像电视剧中的雪姨。一边擦一边想，不是学霸就要被蹂躏吗？不是学霸就要被人欺吗？不是学霸就没法跟学霸交流吗？终于，桌子被我擦得"白里透红"，借着灯光和桌上的水渍，我看见自己那张苦得快哭出来的脸。想不通自己为什么如此矫情与哀怨，毕竟不是学霸又不是一两天了。

有时候为了惩罚迟到的人，班主任常常会安排一两个迟到的同学扫地。那事情可就遭殃了。往往是班主任前脚离开，他们立马回家。第二天，班主任气得腮帮子直抖："好啊你！再罚你扫！"就这样，周而复始。一个星期后，同学们纷纷表示教室脏得无法插脚。最后，班主任无奈地拿起扫帚自己打扫，周围一群人捂嘴窃喜。

三年了，现在已无法想象我在一个到处是垃圾库存的地方和五十个人蹲在一起。整整三年！况且，由于某些没有公德心的同学，教室里还时常飘着韭菜、肉包子、豆瓣酱和辣糊汤的奇异"芬芳"。大家互不嫌弃、互相无视，还算和谐地度过了初中时光。真的不敢想象我的高中生活会怎样……

不试怎么知道

第一次对所谓的分数和排名有概念,是小学三年级的期末。至今还清楚地记得,考了第一名的那个小男生在家长会上当着众多爸爸妈妈爷爷奶奶的面被班主任授予课外书一本。这可是件大事。那天晚上,几乎所有班里的同学都收到了这样一句话:"你看看人家。"那个男生也因此成了家长眼中的小可爱小天才,并在接下来的一两年里都沐浴在家长欣赏的目光和赞许的眼神中。

如果没有考试排名这档子事,我还蛮喜欢学校的。人比人,气死人。单纯的考试并不能怎样,承受自己卷子上的数字也是小事一桩。但每当把自己和别人放在一起比较时,就是一场噩梦了。

初一初二,每次考试后的班会课都让我有跳窗逃课的冲动。一张年级排名表被完完整整地放在投影上,班主任从高到低依次评价。估计再强大的人遇到这个坎也会栽吧。班主任用手指划拉着屏幕,屏幕上闪过一个又一个名字,他比你高,她比你低,一切都清楚得可怕。当班主任严厉地批评了一个考得远比你好的人,可到你这却言简意赅地来几句鼓励,心里的自尊在奇怪地作祟,反倒失望没有被骂得狗血喷头。当班主任在找你的名字时随手一点翻到下一页,顿时觉得第一页、第二页、第三页是完全不同的世界,自卑瞬间汹涌而来。当班主任毫无遮拦地指出你的问题,你只能尴尬地看着他,胡乱地点头,心里却恨不得用抹布堵住他的嘴。

到了后期,为了照顾大家的情绪,各科老师都取消了当堂报分和点评,改为课代表派送。本是想保护大家脆弱的心,但适得其反。往往是课代表一脸坏笑地拿着一摞卷子偷偷逐个翻阅,一边看一边不住地抬头向四周乱瞟。课代表满足了自己的偷窥欲后,笑盈盈地走到我身边,笑得很怪。看他的样子我就大概清楚了自己的分数。"没关系的!"送卷子的同时还赠了这样一句话。明明就是一副幸灾乐祸的嘴脸。接过卷子,随便一折,直接塞在桌肚里,强装镇定地继续发呆,内心却有烈火乱蹿啊!想起考试前自己的信誓旦旦,脑子里自动播放悲壮沧桑的背景音乐。觉得自己就像一只立在山顶的狼嗥了几嗓子,然后一头摔下山崖,结结实实地拍在化粪池里。"考得怎么样啊?"迎面晃过来一个人。"还好啊。"低沉地回了一句,丝毫没有继续聊的意思。用手撑着下巴,尽量把眉头调高,显得很精神的样子。一边的嘴角不自然地上扬,恨不得拉住身边的每一个人,大声宣告我没考砸。"还可以,正常吧。"故作轻松地说着。"哦,这样啊。"他颇有内涵地笑了,扭着屁股心情愉悦地离开了。明明心里正跑着一个号啕大哭崩溃抓狂的疯子,但表面看起来一定要心平气和。

又是一次考试结束后,课代表臭着脸来了。一看我就知道有好事。果然,他恶狠狠地撂下一句"恭喜!",头也不回地走了。我一看,哎哟,一不小心我又"出类拔萃"了!抓紧分分秒秒啊,我从座位上弹起,拉住一个路过的人:"哎,你考得怎么样?""还好。"他瓮声瓮气地答道。我看着他的脸,努力憋住,故作深沉地说:"其实,我也还好。"说完把手搭在他肩上。他白了我一眼,用手把我的手拨拉了下去。明明心里正住着一个狂笑不止手舞足蹈的傻子,但表面看起来一定要矜持淡定。

曾经的那本颁给别人的课外书像炸弹一样把我的小骄傲炸出了一个窟窿,我毫不掩饰地和全班同学一起翻了他半学期的白眼。"不服气"三个字恨不得贴在刘海上。现在,所有人都努力显示出自己对成绩毫不在乎的样子。但谁会不在乎呢?谁不想优秀呢?谁不想受尊重?再冷漠的人也有滚烫的自尊。"我不在乎成绩,成绩好有什么用。"这句话俨然成为最最热门的挡箭牌,看起来既显示出自己与众不同的世界观价值观,又掩饰了自己的窘迫。可我们这么点大的年纪又有什么观呢?《后会无期》里这样说,连世界都没观过哪有什么世界观?

小时候什么话都不说,就能平地一声雷地哭个昏天暗地,因为知道一定会有人把你抱起,轻轻拍着你的背,任你的小拳头砸在身上。可现在呢,如果我站在操场上放肆飙泪,可能旁边大多数人都会怀着小激动暗暗地猜测我的故事,想象我的遭遇。

从拿到卷子忐忑不安,小鹿乱窜,表情慌张,到可以假装平静注视排名表,我用了三年。从进办公室不知所措到熟练地敷衍搪塞,我用了三年。从考试时紧张得发抖到淡定地面对,我用了三年。从只会与同学一起闹,到学会倾听,安慰一个人,我用了三年……

这三年，毫无疑问，我成长了，成熟了。那些零零碎碎或大或小的改变，没有绝对的好与坏。初中三年，在我把高中录取书拿在手里的那一刻彻底过去，完全未知的新鲜也就此开始。听人说我即将踏上的旅程很艰苦甚至变态，可也听人说这段旅程值得难忘和怀念。

虽然遍地都是血淋淋、热腾腾、亮闪闪的例子，但自己不试，怎么知道？

这酸爽……

曾在体育中考结束后仰天长啸："老子再也不用跑 800 米了！"曾无数次在费力迈动双腿时瞥见高中部的男生愉悦地打篮球，无限憧憬。终于捱到了高中，丰满的理想又被骨感的现实无情毁灭。

我们的体育老师是个严肃的女性。那天下午她告诉我们，做完六组蛙跳就可以自由玩耍去了。想着马上就能摸到篮球，心头乱颤。提了一下裤子，蹲下。刘海默默中分，眼镜震得乱抖。头发在波动。蹦跶了半天还没我两步跨得远，重心前倾有随时快摔倒的感觉。跳着向前进，前方刚刚站起来的同学掐着腰，站不稳地乱晃。身后，还没跳的人一边幸灾乐祸，一边担心自己。蹦完一趟，艰难站起。六趟完毕，大腿已废。

拖着这样的腿，再饥渴的篮球欲望也会熄灭。坐在草地上一边揉腿一边哀嚎抱怨。下课铃响了，大家急急忙忙地往回跑。只见一个女生迈了两步，左腿一顿，整个人无力地倒了下去。第二天一觉醒来，全身绷直伸个懒腰。啊！我的腿！小心翼翼地挪下床，只能蹒步前进了。扶着墙，慢慢地一点一点坐下，上趟厕所的过程简直是一趟洗礼。这一天,我被这破腿牢牢地限制在书桌前。

　　星期天学校补假期的课,背着书包就出门了。下第一级台阶就如浑身触电般两腿抽搐。从五楼到一楼,人都疼死了。闹心的是教室也在五楼,平时总嫌弃学校的楼梯扶手脏兮兮,今天却是一把搂住,以龟速挪动。在二楼遇见一个相似的身影,同样倒吸着凉气,踮着脚尖。"你隔壁班的吧?"他突然回头对我说。一边疼一边默想我认识他吗?"你大腿也疼啊?"他又补了一句。我点了一下头。"你们体育老师也让你们蛙跳了啊?""啊,对啊对啊!太丧心病狂了!""她是疯了吗?我现在根本抬不起来啊!"两个受伤的灵魂瞬间无距离,虽然我们不认识。

　　等到了班上,发现到处都是叉着腿走路的人。"你的大腿——"然后相视一笑。一边听课,一边揉大腿,被老师点名回答问题,花十几秒才能站起来。尽可能避免使用大腿肌肉,所以课间只能呆在座位上。弄得三班班主任直呼,隔壁班的学生好文静。课间操不得不下楼,两个班的人保持同步的姿势,两腿叉开,手扶墙壁,身体左右摇摆,眉头紧皱,嘴部微张,呻吟着。一狠心,长痛不如短痛,豁出去了,以正常的姿势下楼梯,还没走两级台阶就不得不停住,很屄地靠在墙上揉大腿,表情拧巴。

　　回家的路要翻过一座天桥,像是翻越一座大山。跟我住一个小区的同学在体育课上无耻地请假了,我斜着身子弯着腰,僵硬地移动,她却在一边健步如飞。"能不这么显摆吗?""我就这么显摆,你来追我啊!"说完,她一路小跑,停在不远处回头观望。我依旧深一脚浅一脚地前进。上台阶大腿使不上力,就习惯性地用手撑了一下,我的天哪!这来自大腿内部的酸爽!

雨中销魂

九月末的天气简直是到了为所欲为的地步。前一天还开着电风扇,后一天怕冷的小朋友就套上了薄毛衣。几天小雨过后,太阳又残暴起来。中午背着书包往家走,刘海黏糊糊地贴着额头,灰色的短袖后背上留下两道书包带的汗印。

出门前,我把伞从包里拿出来,还把长裤换成了短裤。

下午第三节是生物课。老师一边唠唠叨叨,一边在画着妖气澎湃的五碳糖结构。突然,噼里啪拉地下起雨来!扭头一看,不远处的建筑物已经模糊不清,像是腾起了烟雾。教室瞬间陷入了恐慌。"我的天!这怎么办?""你带伞没?""完了,完了!回不了家了!"生物老师眯着眼眺望窗外,叹了口气又接着画起了结构式。

一下课就猴急地搜索带伞的同学,跟我一个小区的妹子默默说了声:"我带伞了,放学跟我走吧。""带我飞!"我一把抱住她的腰。

后面两节课,窗外噼里啪啦的声音就没歇过。刚走出教室,就被吹了回来,脸上糊着满满的水,胸口衣服上密密麻麻的斑点。

“你说好带我飞的。”“我要去班主任办公室，你等一下我们就回家。”我只有一脸幽怨地噘嘴等待。送伞的家长已经把整栋楼包围了，纷纷带着雨伞雨衣踏着小火轮接走自家孩子。在走廊上拦下一个有手机的汉子，拨通了妈妈的手机。妈妈淡定地说：“啊，这样啊。那你就等会呗，雨小了再回家。”然后电话就挂了。

扶着墙一点一点地下楼，我的世界很不美好，尤其身边还有个体育课请假的健全人。她一边撑伞一边下楼，楼下一个中年女子昂着头高喊：“马××！是不是你？”“是我啊！妈。你来干吗？”“我以为你没带伞啊，还骑车来接你。”“那也行啊，省得我走路了。”母女俩你一句她一句，我完全插不上话。“哎，那个阿姨，留把伞给我啊！”我感冒的嗓子发出低沉磁性的嘶吼，可是那二人飞快地走远了。“哎——哎——哎——”我迈开步子准备追上去。一抬腿，立刻疼得下跪。就这样，她们的背影渐行渐远，朦胧在雨中。

老爸在电话里说等他二十分钟，我怎么感觉等得天都要亮了。刚才还是人挤人，现在的大厅空荡荡的，只有我，垃圾桶，自行车。雨透过天井砸下来，溅到腿上。腿不能动，班门已锁。门卫大爷拎着食堂热腾腾的馒头从我身边路过。好饿！站在高中部的屋檐下，望眼欲穿，有种独守深闺的悲壮感。

打　地　铺

在桑拿般闷热的七月,没有什么比空调罢工更残忍的事了。

黏在浸着臭汗的床单上,像裹了层保鲜膜一样闹心。打开窗通风,还是无法阻止燥热在房间里肆意蔓延。实在是热得发蔫,可怜兮兮地抱着枕头去老妈的卧室借宿。

刚走到门口,从门缝里溜出来的丝丝凉气就让我的脚趾为之一震。一番激烈的讨价还价后,本打算爬上床的我奋尽全力,最后只能噘着嘴瘫在了地铺上。左边是床,右边是柜子,我像是倔强的钉子户。“一晚上一百元啊。”睡在床上的老妈慵懒地说。我默默地翻了个身,幽怨地想象老爸夜起时毫不留情踩在我身上的大脚,卡在床下沾满灰的腿,还有绞进柜门的头发……

第二天早上,老爸起床上班,目睹了我正以一种难以理解的扭曲姿势横在地上:一只脚勾在床上,还倔强地拱进了被子,另一只腿靠在柜门上;两只手向上伸展,身体做着变幻莫测的律动。“上来睡吧。”老妈轻轻地发出召唤。我瞬间弹起,噌噌地钻进柔软被窝,幸福地吧唧着嘴。还没来得及感慨两句,又睡着了。

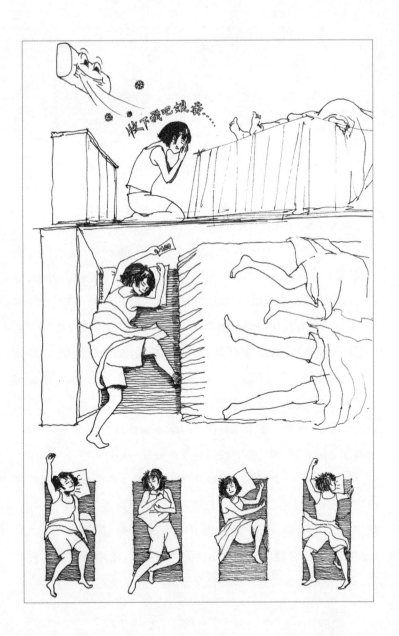

上学路上

"呦！上学去噢！"清早下楼梯，总会碰见对门的爷爷，每次都是惊奇的语气。

六点五十的街道，除了有几个菜农弯腰码着蔬菜，其余的几乎都是以贴满小广告的卷帘门示人。这种时候，包子店就当仁不让地成了众心捧月般的焦点。

蒸汽不间断地升腾着，白茫茫地糊住了一个角落。麻团烧卖油条，油亮亮地挤在台上。另一边，是摞起老高的蒸笼。店里的大爷套着白色的宽大背心，咪溜咪溜地吸着豆腐脑。披着睡衣的中年男子驼着背，提着油条慵懒地迈着小步。左手攥着辣糊汤的西装男风一般地从我身边经过，塞满包子的嘴艰难地蠕动着，右手不经意地在裤子上一蹭。

拐出小区的大门，离上天桥还有一段再普通不过的马路，沿边都是些小门面。水盆摞在地上，老板娘用一块黑不黑蓝不蓝的毛巾用力地擦着脸，她的男人蹲在一边，正胡乱地拿着牙刷在嘴里一顿乱戳。"哗"的一下，洗脸水和牙膏沫一起飞出，这也是夫妻间的默契。连着几家小旅馆,了无生机。前台坐着打着哈欠的大妈,托着腮跷着腿,目光迷离。

晚上回家走在天桥上,数不清的车甩着尾灯唰唰地在脚下窜过。但早上,是绝对的安静。天桥台阶上隔三差五出现几个歪倒的酒瓶和面目全非的麻辣串,偶尔还有一筐被主人放置在拐角晾晒的萝卜干。曾好奇地凑上前去,萝卜干吸的灰就跟裹了几层面一样。穿橙色衣服的环卫工人还没有忙乎起来,拖着扫把靠在一起热聊。校门口的小店早早开门,老板站在门口毫无顾忌地伸着懒腰,并不纤细的腰扭了几下,肚脐眼从衬衫的衣角里探出来。

天气还不算太冷,老年人却都早早把自己裹成个球。几个老爷爷把收音机扔在自行车的筐里,于是校园里飘荡着几个频道混合的声音。个别老文青,边走边大声吼着我听不懂的唱词,表情像是活脱脱的民歌范。大妈们不知道因为什么笑得满脸褶子,两只手不羁地到处挥舞。

教学楼上有几个徘徊的校服身影,身后的马路上也陆续传来了喇叭声。迎面走来的老爷爷和老奶奶羞涩地牵着手。踩在秋天金黄的碎叶上,咔嚓咔嚓作响。

严师出高徒

悠哉漫长的暑假无情地结束了。带着生了半边"锈"的脑子，去学校报到了。科大的军训算是晚的。之前，目送着白白净净的小伙伴进了一六八中学，然后乌漆墨黑地回来诉苦。所以，对于军训总有种不祥的预感。军训的衣服拎在手里，材质是可想而知，以至于领导自信满满地表示这衣服一定干得快。

和其他三个身高腿长唇红齿白的教官比起来，又黑又矮又瘦的赖教官在这个看脸的世界里就没那么讨喜了。对教官的失望，让大家都有点不悦。四个班纵队走出报告厅，正式开始军训。

其他班的队伍都转入了教学楼下的阴凉地里，唯独我们班停在草坪旁的路上。简单的军姿并不困难，但草丛花堆里无法无天的虫子着实让人抓狂。先是隐隐感觉有羽毛拂过小腿，捱到军姿结束低头一看，小腿像开花了一样灿烂。闪瞎眼的强光扑面地照在脸上，不由自主地把五官拧巴在一起，表情自然是嫌弃加烦躁。听着别班的欢声笑语，看着他们围坐在教官边上聊天，简直是一派其乐融融的场景。再看看自己教官一脸的严肃，严肃的眼神如钩般地扫视队伍,立刻有了强烈的失落感。

　　反反复复地走齐步,没完没了地站军姿。自以为相当完美的一次齐步,教官不解风情地来一句:"啊,这个排面啊,前凸后翘的啊。"当大家都认为这是一次奇迹般的统一踏步,教官又来一句:"你们这个脚步声哦,稀稀拉拉的。"然后恨铁不成钢地摇摇头。被教官鄙视的后果就是从基本功练起。原地摆臂练习,一令一动。右手离腹部三拳距离,左手向后摆。十秒钟,没有感觉。一分钟,微微发酸。慢慢地,原来抬高的手臂不自觉地往下掉,绷直的小臂细微地打战,最后无法控制地乱晃。简直狼狈得不忍直视。拖着半残废的手和肩膀,大家无精打采地被教官吼去练正步。"顺拐了!顺拐了!第二个!""你们这样磨洋工怎么可能休息!""休息一下吧,五秒啊。""你这个走的啊,不得不说是太臭了啊。"教官的一句一句,无情地打在自我感觉良好的心上。别的班又在休息了!别的教官又吹哨子了!别的班又坐下了!别的班都学唱歌了!别的教官都表演才艺了!别的班走那么烂都不练了!别的班都在阴凉地里!为什么为什么我们班要这么这么!教官的回答永远只有一个不可抗拒的威严眼神。

　　在各种条件限制下,军训只进行六天。真是随便晃晃就结束了。最后的阅兵,破天荒地获得了教官小小的夸奖。一分耕耘一分收获。在教官的逼迫下,付出了更多,自然就收获了更多。每天顶着没抹匀的防晒霜来到学校,浑身臭味地坐在一起,一边聊天一边手挠脚蹭,狂喷花露水。教官又吹哨了,一边抱怨一边站起来,屁股蛋上两坨圆润的白灰。

没有硝烟的战争

　　人和人之间往往存在不可逾越的鸿沟。比如你永远没法让一个学渣心平气和面带微笑地聆听同桌学霸滔滔不绝的炫耀，也不可能逼迫正在酣睡的同学屁颠颠地和班主任进行一场关于听课重要性的促膝长谈。

　　所以当同学一手提包子一手拎豆浆，欢天喜地走进班里，右手匆忙地抄作业，用胳膊肘固定住本子，左手拿着包子往嘴里塞时，当有人用炽热滚烫的目光目不转睛地盯住手中的茶叶蛋时，一点一点小心地剥开蛋壳，刚露出茶色纹理，兴奋得一激灵，一口包住，艰难地咀嚼，然后满牙蛋黄地用辣糊汤漱口，这让每天吃早饭的动作可以用舔和嗫来概括的我，自然是无法理解的。

　　但当半个上午过去，整个人从精神抖擞逐渐萎靡起来时，拿各种小零食安抚自己还是很必须的。

　　刚上完一节物理课，物理老师踏着风，留下骇人的板书和思维打结的我们扬长而去。我翻出密封罐，里面是从家带的诱人小饼干。"哎哎哎！来个来个！"一双手直接横在我面前，心在发凉。"唉，你哪里来的

49

饼干?"附近的人看见叨着饼干招摇过市的他,都声调上扬地惊呼。下一秒,他们包围了我。碍于同学间的友善,我翻着白眼:"行行行,你们自己拿吧。"几只手同时伸过来,一起卡在了罐口。起初,他们保持着心中那一份良知与道德,井然有序地一人拿一块。心在滴血。突然,有个贪吃的家伙一把抽走了俩,衔着饼干的人群集体暴动了。"凭什么他拿两个!我也要!""哎哎哎,你们那个……别啊!"我端着饼干罐的手剧烈颤抖。黑压压的一片,心在绝望。罐子空了,旁边的人个个叨着拿着,揣着,乐得冒汁。"你们给我留一个,好吧!"一个女生从掌心的三块中拎起一块小的递给我。"谢谢啊。"不对,我为什么要说谢谢……凝视着争抢过后满桌的渣渣,心,好累。

另一个课间,大部分人都在走廊上转悠,我伸直双腿,闭目养神。同桌的声音似有似无地飘过来:"我带趣多多了哎,我俩悄悄吃啊。"几次打劫抢掠后,我们都机智了不少。整个人蜷缩一团,把包装放在桌肚里,缓慢地打开。"呲——"悠扬而婉转的一声。我和她对视一下,完了。那是食品包装袋打开的声音!霎时间,走廊上的人拥进班里,趴在桌子上猪般沉睡的同学挂着口水站起来,像是从窗外飞进来,土里冒出来。各个方位,无数双手对我们发起了无法防御的进攻。同桌死死地把饼干护在腹部,数不清的手直捣过去。同桌又把它高高举起,数不清的手整齐地伸向天空。终于,同桌放弃了,沮丧地把饼干砸在桌上。挤在我旁边的女生猛地一扑。她的胸,直接盖在我脸上。他们吧唧着嘴走了,我和同桌的心情糟透了。

"下次不能吃块状物,太容易被抢了。"同是受害者,我和同桌交流着经验。"我就不信这个他们还能抢！"同桌一脸必胜的光芒，从书包里掏出一个采蝶轩的热狗，毫不避讳地撕开包装，十几个脑袋齐刷刷地附带着贪婪的目光看向这边，发现是面包，大部分人无奈地放弃了。但还有几个疯子骚动地逼近。"给点给点。"一个男生朝我们蹭蹭。"面包怎么给啊？"同桌坚定地大声说，一脸被自己机智感动哭了的表情。"没事，我掰点。""掰……点？"还没反应过来，前一秒还拥有完美椭圆脸庞的热狗君已被撕开一角。"哎，你这面包哪来的？"旁边人问道。与那天一模一样的场景，重现了。"还好，我热狗大。"同桌自我安慰。我正欲离远避难，听她痛苦呻吟一声，一转身，一个男的提溜着面包上的肉肠一路小跑。再看，同桌手里只剩小半截没有肉肠的面包。"不吃了！你们有多饿啊！"话音未落，蹲守在一边的女生一抬手抢走了剩余的面包。"你不吃给我啊。"那么的理直气壮。

离下课还有五分钟，同桌忽然戳戳我的胳膊。"我带肉脯了，要不我们现在就吃了吧。"我环视一圈，回了她一个认可的眼神。包装一拆，香味扑鼻。后面的人已有所察觉，躁动地用脚踢着我的板凳。争分夺秒，容不得半刻思考，我抓起一片塞进去，嘴硬是被撑出了肉脯的方形棱角。看着同桌，辛酸地笑了。

明明在家都是吃喝供着，为什么要如此地伤害同学？这抠一点那撕一块，你难道就饱了？有人告诉我，追求的不是吃，只是"赃物"到手的快感，团队合作打劫大食主的乐趣。说那不是单纯的物质追求更是精神上的补给啊。抠门还找这么多理由。

科大,东区

看了十几年的花,又开了。呆了快十年的楼,被拆了。

入学,毕业,考试,作业,一切跟校园有关的记忆,都跟这片满楼板的废地捆绑着,在遍地粉尘的楼梯上,蹦跶,蹦跶。

四五岁,午睡醒来捧着巧克力哈斗贪婪地大啃,手牵着手在幼儿园的秋千上晃悠着小短腿。六七岁,站在老奶奶的保温锅前,望着里面茶色的卤鹌鹑蛋痴痴舔嘴;和同学拥挤在花坛前,撅着屁股翻找着西瓜虫。八九岁,趁着大课间的空当冲出来,从门口的推车里拎回油油的科大面包,和同学争抢撕扯上面的火腿;在中科一条街的小摊上抱着辣条,呼呼地喘气。十几岁,在食堂难以置信种类繁多的美食中幸福得晕头转向;在校门口的草坡上,滚下爬上,巧妙地避开还残存热气的狗屎。这东区,我从小吃到大。这校园,我从小疯到大。这地方,陪着我,从小到大。

"我们东区到处都是食堂!""我们东区里到处都是花园草地!""我们东区到处都是外国人!"这些蛮不讲理的排比句,导致了被三个科大孩子包围的同桌也在内心默默地把东区神化。某天课间

52

操,站在前面的女生敷衍地抬着胳膊踢着腿,回头絮叨:"你们学校人也太少了,我们××中一个年级抵你们一个学校了。"说完还透出了骄傲的小表情。"人少点毕业照上都是清楚的! 你们学校人脸都跟小马赛克似的!""人少点我们中考第一! 你们人多渣渣也多!""人少点我们一百四十几个人从不起内讧! 你们学校跟'宫斗'似的!"下一秒,她就在几道锋利如刀的眼神中尴尬伫立。"好好学学科大的广播操!"吼完这句,突然发现《青春的活力》,我做了十年。

自从搬到南区,就很少回去。眼镜湖畔的樱花又爆了,有没有小学生趴在花瓣中,苦思着春游的作文? 拉肚子的鸟又回来了,有没有人在天使路和勤奋路上抱头逃窜? 初三又快毕业了,他们会不会遮住鲜红毕业证上"附中"两个字? 他们会不会把科大的传奇传播到各个高中各个年级的各个角落? 会不会对他们遇到的每一个人不厌其烦、神神叨叨地描述?

那年小学部教学楼被定为危楼,五(2)班的我们以为回忆会永远被存封在三楼拐角那间教室。它在冰冷机械的鲁莽冲撞下,仅存着斑驳后墙,悲哀地俯视着破碎的周遭。你记得板报上我们亲手画的白鸽吗? 你看到了吗? 那摇摆欲飘的标语:勤学,多思,活泼,健康……

那是我回忆的底衬。那是我炫耀的资本。

与他们相遇
Meeting Them

. . . .

　　看似按部就班的生活，从不缺少精彩。随心所欲的学霸，语无伦次的老师，他们是校园生活不变的主角。自带气场的大妈，潇洒豪放的大爷，他们是插曲般的闯入者，却带来意想不到的温暖和震撼。

爱那格格不入

正式成为初三学生前的那个暑假,大家都极不情愿地被召去学校补课。坐在教室里,想着自己明明应该在家睡觉,现在却坐在这种鬼地方,脸臭得像发馊的吐司。想想全班五十个人都是这种状态,站在讲台上的人内心的消极情绪就很容易喷发。配上教学楼旁晒得发蔫的绿叶子,整个上午,初三楼层都弥漫着沮丧的情绪。课表显示下午我将迎来人生的第一节化学课,却一点、一丝、一毫都不激动。大家互相懒得讲话,懒得下位走动,懒得听课……直到有这么一个人走进班里。

他中等个子,腿短,脸略长,肤色偏黑。"哎,累(那)个同许(学)们啊,唔(我)姓曹,把里(你)们的基础训临(练)拉(拿)出来,翻开第一页,冰(编)写人员第一个就是唔(我)的名字。"说完这么一长串露着傲气的话,他顿了顿,给了我们几秒钟的反应时间。当时没想到,随后,我们用了整整一年的时间对他顶礼膜拜。

"同许(学)们,我把化学反应比作原子的悲欢离合。""你不控制变量怎么行? 你给我两碗饭,给他一碗饭。他先吃完就一定比我吃得快吗?""饱和溶液就是吃饱的人,但是我吃饭吃饱了还可以啃点水果,所以氯化钠的饱和溶液可以溶解其他物质。"有的化学老师喜欢端着课本,对着现成的定义夸夸其谈,老曹总喜欢用比喻来解决问题,而且每次都颇为得意。有的化学老师都只满足于指着书上的图片来讲解实验,曹老师却几乎每堂课都来上两个实验,玩到兴头上还经常刹不住车,一堂课五六个实验不是没发生过。

曹老师的实验和讲课水平是出类拔萃的,他出的试卷更是暗藏杀机。单元小考,一道两分的题,完全没引起大家的注意,卷子发下来,震惊地发现这题被扣了四分。"我就是要扣得你们心滴血,心发凉!这样简单的题丢分,你可配当我曹老师的学生啊?"平时考他的卷子,五十分以上就不错了,偶尔换换区统考卷,全年级都在五十五分以上。

"你们的好坏不影响我的光辉形象啊,我可是安徽一流的老师,我希望你们也能成为安徽一流的学生。"在初三如此紧张的节奏中,别的学校都如火如荼、乐此不疲地补课加课,老曹甚至会用一堂课的时间带我们欣赏他拍的照片,用独特而有魅力的声音激情地朗读自己写的散文。平时讲课,他会强势插入一段人生感悟,教导我们如何做人、如何处事。奇怪的是,我们对长辈的说教打心底地厌烦,却对他的话过耳不忘。他的确是一个一流的老师,在教学上无可挑剔。他的试卷几乎能做到中考考点的全覆盖,他的讲课在生动轻松中准确无误地传达着知识。更重要的是,他发自内心地热爱他的学生。在我们这个年纪,对老师和家长的付出并不是不懂,只是感觉难以启齿,不愿表达。他耐心地教导班上厌学的学生,这些在有的老师眼里拖平均分的"罪魁祸首""万恶罪人"在他的帮助下都在化学成绩上与大家平起平坐。放学以后,他会和我们一起跑步、打篮球。中考前两天,为了不在对抗中让学生受伤,他在空中主动地向一个诡异的方向倾斜,导致拉伤了大腿。所有的老师都羡慕他走在走廊上时享受的顶礼膜拜、鼓掌欢呼,那是因为他用自己的言行征服感化了一个又一个自命不凡、打着青春期逆反的幌子虚度光阴的初三学生。

跟他学习了一年,学到的除了两本化学书的知识,还有对工作的执着,对梦想的坚持。他告诉我们不要因为学业而放弃了篮球和漫画,他甚至会劝前来告状的学生家长多给孩子一些空间。这样看来,他要说的话好像与我们所处的教育大环境有点冲突,其实,他才是学生心中的传奇。

两个大暖男

　　门卫和校工听起来是截然不同的两种职业,但在我们学校基本没有差别。我的中学藏在大学校园中,所以和其他学校的门卫不同,我们的门卫每天的工作就是开、关大门。在我们上课的时候或是午休时间,他就搬一把竹椅,夏天躲在阴凉里,冬天暴露在阳光下,听着他红色收音机里的山歌和戏曲,小日子惬意得一塌糊涂。因为门卫常常以仰面的姿势示人,自然和直立行走的我们多少形成了一点距离感。

　　清早,背着书包进入校园,年爷爷套着灰色的中山装浇着他的小花小草,嘴角上扬,细细碎碎的水流在阳光下金光四溢。高爷爷穿着扣不上扣子的大蓝褂,提着竹扫帚在校园耀武扬威地游荡,像巡视他的帝国。这确实是他的帝国。我们脚下的地,是他扫过的。我们接的热水,是他一车一车拉进校园的。小学的时候,看他费力地拉着浑身是锈的铁板车,车上放着沸腾着热气的桶,转弯时,总会洒些水到地上。那时候以一个小朋友的视角去看,高爷爷是我见过最威武雄壮的人。小学的时候管理班门钥匙的同学弄丢了钥匙,不敢告诉班主任只好蹑手蹑脚地来到了高爷爷的小屋子前,害羞地向他借钥匙。我记得那是个夏天,他只穿了一件肥大的白背心、一条灰蓝的短裤,躺在一堆灰旧的褥子上看着电视机小小的不稳定的屏幕。他看着我们,我们也看着他。他突然站起来,好高啊!他极凶地说:"要我开门就要让我打几下!"我的同学权衡了一下,是被老师骂同学责怪,还是被一个老头子殴打?他颤颤巍巍地伸出细嫩的右手,一碰到那只粗拉拉的老手就不自觉地缩回。高爷爷啪的一巴掌拍在自己手上,同学被吓得眼泛泪光,高爷爷唏瑟地开怀大笑,然后从裤腰里掏出一串钥匙,找出一把递给泣不成声的他,笑着摸了摸他的头。

与热情奔放的高爷爷不同,年爷爷主要就是负责拯救被各个班级养得半死不活的花草。空余时间,他总在校园中捡拾塑料瓶,堆在自己的小屋前。五年级时,班里的同学听说年爷爷家很困难,便自发地收集塑料瓶。食堂里,看见瓶子,不管喝完没喝完,顺手拿走。球场上,发现矿泉水瓶直接抱走。只一个礼拜就装满了一个麻袋。下午放学,同学几个大摇大摆地来到国旗台旁边年爷爷的小屋子前,二话不说,把瓶子倒在地上。看着地上的一大堆和年爷爷感动的样子,觉得自己真是有钱人!一群每晚复习半小时书都做不到的小学生,将这个习惯保持到了小学毕业。

搬到新校区前,有人给年爷爷买了一个蛋糕,把照片传到空间上。照片里,年爷爷穿的是干净的纯白短袖,笑得那么开心,脸上皱纹那么多。

爱浇花、爱穿灰毛衣的年爷爷,爱吓唬小朋友、爱在学校里晒红内裤的高爷爷,让这个校园更有了家的感觉。他们现在一个退休在家,一个回农村养猪种菜。去年运动会,他们居然出现在新校区!当我们惊叫着跑上前去,比我们小的同学都是一脸茫然。就连我也没有意识到,他俩在我的回忆中占了这么大的分量。我的两个大暖男!

与他们相遇

有其父必有其子,有其母必有其女。

当我和同学勾肩搭背地走出校门,总能看见几个不熟悉的阿姨坐在电动车坐垫上,两条腿笔直地打开,支撑在两边,把自己弄得像个三角板,两手比划着在空中乱挥。坐着的一般是学霸或班干的妈妈,站着的、认真倾听的一般是普通学生的家长。讨论的无非是些成绩啊,教育经验什么的。遇到这种情况,我一般会绕道而行,原因之一就是打招呼太麻烦。若正好是自己本班的家长们,一口气叫上十个"阿姨好"都是正常的。只单独叫某个阿姨的话又怕伤了其他阿姨的玻璃心。所以只能说:"阿姨们好!"然后赶紧夹着尾巴逃离……

搬到新校区,先前的规定是家长的电动车不能开进校园。经常在放学时目睹这样的画面:一位妈妈骑着电动车企图穿越校门,门卫罕见地走出了门卫室,快步上前拉住了她的胳膊。阿姨一边挣脱一边继续前进,门卫被拖出了几米,说时迟那时快,另几辆电动车并驾齐驱地从失防的大门瞬间窜进来,她们就像一群飞天小女警或是女版的敢死队。风一样的女子们令门卫折服和后怕,那次的刻骨铭心使他再也没有多管过闲事。有关的校规也就此无人提及了。

走廊上看见的家长往往是一脸的灰暗。但一般分两种情况:一种是家长一脸灰暗地点头哈腰,送大神一样供着一旁摆出一副正派架子的孩子老师。另一种,是一脸灰暗的家长趾高气扬或是脖子暴青筋地把头伸进班里,带火的眼睛掠过每个人的脸,最后停在孩子身上。倒霉孩子一脸苦相地小碎步踱出去,听着爸妈边走边骂,只能默默地瘪嘴挤眼,大大地丢人。撞见这两种人都要快快躲开,然后在下一个楼梯转角处放声大笑。

为了图省事,成绩好又乖巧的小孩就不会有叫家长来这样的遭遇了。但总有些学霸的妈妈爸爸不请自来,这就弄得大家十分尴尬。不嘲笑吧,总感觉少了点什么;嘲笑吧,细细想来自己还没那个资格。所以唯一的对策就是笑脸盈盈地甜甜地喊一声"阿姨好!",然后离得越远越好。不然后果只有一个,学霸的妈妈自来熟地拍着你的肩,拉着你的胳膊,向你控诉学霸的罪行,或是孜孜不倦地称赞你。你得意忘形地说出:"是啊是啊,我在家都是这么听话的啊!"突然浮现出那些气煞人的排名表,才觉悟出这是一种独特的炫耀方式,一种高级的鄙视,就如同学霸永远说自己考砸一样。这年头真是认真就输了。

在校门口、在学校遇见家长,大家的第一反应就是躲避。当大雨倾盆时,爸爸顶着湿漉漉的头发来教室送伞;当体育训练时,妈妈带着水杯来操场找你,真的可以感到热乎乎的爱。一次晚上上课,拜托一位同学的妈妈开车把我顺过去。当我和她女儿钻进车里,她递给我们两个一模一样的饭盒,告诉我有一份晚饭是为我准备的。有一次下暴雨,我正站在教学楼的屋檐下惆怅,同学的妈妈递给我一把伞,虽然那把绿白相间的伞上写着格林豪泰酒店,不是特别帅气,但那一瞬间还是会感动。"叫你爸妈来学校!"这是学生时代最最残暴的处罚。可爸妈的送伞送水,又足以让我们在学校显摆。

　　所以做不来学霸就至少中等吧,这样至少会避免许多不必要的尴尬。

主宰食堂的女人

作为一个重点大学的附属中学，我们有着许多天然的优势。比如遍地开花的食堂，比如在食堂里重新绽放青春的食堂大妈。我住的小区里老人偏多，本以为这里会是个安静的住处，但事实相反。夏天的夜晚，我会被楼下乘凉聊天的大妈们弄得痛不欲生，她们嘹亮的声音直蹿五楼，不知收敛的大笑声直捣我的耳膜。这时，我总会下意识地想起多日没见的食堂大妈。

我一直坚信，食堂是个卧虎藏龙的地方。这里有吃三碗面条面不改色的汉子，有把小笼包吃出尊贵气质的人字拖男，还有卖萌无下限的食堂阿姨。

初一的某天中午，我到食堂打饭。"四毛。"我对阿姨说。她从里面扔出来一个盘子，以我的经验看，顶多三毛。不过，我深知这是阿姨的地盘，小声说了一句："坑爹啊。"然后转身离去。"你站住！"一个尖锐的女声从背后传来。我一回头，看见大妈正用粘满饭粒的大勺指着我："你说什么？刚刚。""没什么没什么。食堂的米真好！"我一边胡乱应付一边仓皇而逃。

　　另一天,我在打菜,旁边有一个男子要了一份豆腐。理论上来说一份的概念就是一勺,但是这位阿姨明显是做绝了。"大妈!给我来一勺!不是一块!"男子吼道。食堂阿姨都不是好惹的,立刻示范了一下是怎么用一个偌大的勺子舀起一小块豆腐的。"拜托!你这是饭勺!不是挖耳勺!麻烦多给一点!"男子哀求道。阿姨直接把饭勺伸进了他盘子里,捣碎了那块娇小的豆腐,还均匀地把豆腐渣摊在盘子内,头一扭,看都不看他。我来总结一下为什么男子会受到如此虐待:真相只有一个,他叫食堂的阿姨"大妈"了。怎么能在打菜时叫她们"大妈"呢?叫"阿姨"就已经是极限了啊。

　　在食堂转悠,看见了一盘笋瓜,上面有标牌,写着"笋瓜烧肉"……真想问一句:"阿姨,肉呢?"过了好长时间,有一个大哥哥晃悠到这里,对阿姨说:"阿姨这个笋瓜来一份。"阿姨一边盛一边说:"这是笋瓜烧肉。""啊?"那个男生看了看坚定的阿姨,问:"那……那怎么这么多笋瓜?"阿姨迅速抓过他的餐盘,用铲子铲掉一半笋瓜,说:"这简单!"然后露出率真的笑容。大哥哥的脸僵硬地抽搐了几下。

　　自从搬了新校区,我真心感觉到了学校对于新校区食堂的敷衍态度。每天吃饭都是锻炼意志力的过程。看着玻璃板后食堂阿姨面无表情的样子,真的很怀念老校区的那一帮自我娱乐、挑逗众生的傲娇大妈。她们不甘寂寞,哪怕是在工作时间也隔着墙聊得热火朝天。她们热爱着生活,向大厨喊菜名时的嗓音都是铆足了劲的嘹亮。她们有时会要小无赖,有时会开玩笑,有时会善良地接济忘带饭卡的同学,甚至会在你点了大鱼大肉之后唠唠叨叨地劝你点青菜。当时嫌弃她们多管闲事,现在想来,那分明是她们"泛滥"而荡漾的母性。她们让食堂不再只是一个吃饭的场所,这里还充满了欢乐和温暖。

爱食堂,更爱食堂的阿姨。

奔跑的背影

从小学开始,每天早上在校园里都能看见晨练的大爷大妈,换了新校区以后,更是越演越烈。由于学校是一所附属中学,校园里的老人几乎都是退休或退休边缘的老职工,实实在在惹不起。于是,体育课的操场上,清晨午后的教学楼,夕阳下的球场,到处都是他们的身影。

清晨,带着昨晚刷题的疲惫感和麻木无感的心,我像只瘟鸡一样碎步穿行于校园。"呦!大山的子孙呦!爱太阳喽!"刚刚还昏昏欲睡,突然就浑身振奋起来。顺着我惊诧的目光,十几个穿着洁白整齐服装,足蹬白色练功鞋,手持桃红扇子的大妈精神抖擞地霸占着教学楼一层的平台。她们的动作强劲有力,整齐划一,脸上有种我无法理解的喜悦。另一个清晨,又走到教学楼下,正感叹今天大妈怎么不来,瞟到一位精瘦的大爷,专心地打着太极,一旁的水泥地上,端坐着另一个老人,嘴中正儿八经地念念有词,气场强大又诡异。大家纷纷绕道而行。

好不容易放了暑假,凭着家住得近这个优势,经常会去球场打球。夏天的阳光是毒辣残忍的,在毫无遮蔽的球场上打球代价太大。早上六点钟,在这个我以为整个世界连鸡都在昏睡的时候,我拿着球出门了。走过天桥的时候,马路上没有一辆车,路边的小店大门紧闭,没有路人。带着一点点自豪,我昂首挺胸地跨入校园。远远地,我看见红色的塑胶跑道上黑压压的一大片,走近,我好像发现了一个新世界。宽阔的跑道上,净是光着膀子、甩动双臂的老人;三五成群、热聊快走的大妈霸道地拥塞着;中间的草地上,大爷大妈摆出一个间距完美的庞大方阵,在悠扬的音乐中活动筋骨;主席台前、看台的栏杆上,一排密密麻麻的腿,一群年迈的身影费力地拉着筋。靠近球场的健身器械上更是怕人,两根高高铁杆,吊满了各种姿势的老大爷;双杠上,三四个老大爷一个排着一个地撑在上面,仰卧起坐的器械甚至引发了排队!蔚为壮观啊!看久了有点胀眼,只感觉满屏都是奔跑的老人。

球场上,五个老大爷正在比赛投篮,如火如荼。我本淡定地在他们旁边的球架投篮,但听着那边无间断的篮球擦过篮网的声音,再看看自己以各种角度弹筐而出的球,自叹不如!太阳渐渐翻脸不认人,抬头看篮筐已经有点睁不开眼。我抱着球离开,操场上,他们依旧奔腾。

当我还把自己埋在被子里时,他们已经来到操场;当我自豪地标榜着自己的早起时,他们已经心无旁骛地开始锻炼;当我偶尔锻炼一次后觉得自己厉害极了时,他们却早已习惯清晨午后傍晚,争分夺秒地运动;当我为了中考体育极不情愿地奔跑,向身边的同学不断抱怨时,他们总淡定地从我身边超过,留下一个个坚定的背影。

　　清晨的操场，因为他们，有了集市的热闹、军营的阵势。跟他们比起来，我简直懒得像只会吃喝、在烂泥里打滚的猪。当我在课堂上，听到不远处传来的不算刺耳的音乐时，当我毫无激情地来到学校，看到这里一群那里一群的大爷大妈，我完全没有资格鄙视和抱怨。他们老了，但他们把坚定和乐观刻在了持续奔跑的潇洒背影里。

学霸们的特权

　　几乎所有的老师都会在初一的第一节课上迫不及待地标榜自己是一个一视同仁的好老师,但真正能做到的不多。

　　初一的时候,生活委员不是个善茬,天天跑办公室,和老师亲得就像一家人一样。最常做的事就是轻轻挽着班主任的手臂,一脸微笑地打小报告。没办法,生活委员是管理班费的,她本人也是个大学霸。这样有钱又有权、事业又完美的人,唉! 不说也罢。有一天,班里的同学图省事,用拖把擦黑板,生活委员眼睛一瞟,健步如飞地前往办公室。"你站住!"擦黑板的同学撂下拖把一步上前拉住了她的衣服。"碍你什么事了? 你不打报告会死是吗?"男生吼道。女生一边艰难地向办公室的方向挪动,一边同样高呼:"××! 你要干什么? 你要做什么?"班主任闻声赶来,断喝一句:"放手! 欺负女生是不是男人啊你!""误会啊,我看她衣服有点皱,帮她拉一下,拉一下。"男生尴尬地笑着撒手,对班主任边鞠躬边说。

　　一天早上,无数人作业交不齐。班主任发怒了:"没交作业的全站起来! 不要不自觉啊!"班里大半的人都慢腾腾地站了起来。

"你为什么没交?"班主任走到一个学渣面前。"老师,我真的没带,我中午回家拿,下午交给你行不行?""切,你当我傻啊?你中午再去写,再去借一本抄,你的套路我还不知道。去,到外面给我抄课文!""老师我真的!""不要废话多啊。抄课文是轻的了。快点快点!磨磨叽叽的。"学渣默默低下头,翻找着本子和笔,抬起头,看了一眼老师,驼着背走了出去,脸上挂着泪水。"老师我也没带,中午不回家,我让我爸妈打电话证明行不行?我真写了,写太晚了,忘了带了。""哪来这么多理由啊?出去出去!""我爸妈证明还不行吗?""没有的事我告诉你!现在的家长都不自觉,护着你们,所以你才这样。出去!""有病!"那位同学用肩撞开面前的班主任,气呼呼地走了出去。啪!把门摔得直颤。所有人只能假装淡定,这种时候做出头鸟,为别人拔刀相助实在不是明智的选择。"你怎么搞的?"班主任的语气瞬间柔软下来。"我没带,但我写了。"学霸一脸的惊慌失措。"没事,坐下吧,下午带来就好了。""可我中午不回家……"学霸还是瓮声瓮气的,不敢和班主任对视。"那就明天早上带吧,可别再忘了。"说完,还拍拍她的肩膀。

我们学校的物理卷子一向不简单,物理老师又是个心直口快的女性,每次发卷子都是种摧残。"你看看你哟!这都能算错?下次注意啊!"老师对着学霸的卷子,用疼爱又慈祥的语气小声说道。她路过我同桌的座位,随手抓起卷子瞄了一眼:"学的什么啊?我上课教的你到底听懂没听懂啊?上课干吗去了?"说完还附送一个鄙视又轻蔑的眼神。

"老有人说我不公平,你们自己想想,一个是为班级平均分作巨大贡献的,一个是拖了三分后腿的;一个遵纪守法,一个为所欲为,叫我怎么公平啊?"这是班主任在一次班会课上的肺腑之言。

"我豁了命复习,你们逍遥自在。我在家憋屈,你们在外面瞎逛。我有点特权怎么了! 不服啊!"这是某学霸在被众人控诉以后喊出的心声。

啊! 我要当学霸!

融　儿

中考结束了,但心里的那块巨石依然悬着。所有人都在默默地期盼又小小地抗拒着成绩的公布,但该来的总会来的。早已经和高中签约,我没有多少惊慌失措或欣喜若狂。出分数的那个下午,融儿发了一条"说说":初中圆满结束,唯一的遗憾是数学考了一百四十九。我默默地移开视线。

光听融儿的声音,所有人都以为是个萌得能掐出水的妹子。看到真人后,恍然大悟原来是个穿着侧面镂空白背心的"大个子"。

"帮人家把水端过来嘛!拜托拜托!"融儿�“着嘴,两只手握拳在胸前小幅度挥动,摆着自以为萌的表情。"咳。"同桌故作镇定地咳嗽了一下,默默往旁边挪了挪。"哎哟,你坏嘛! 就帮一下人家嘛!"同桌再次挪了挪,半个臀部已经腾空。他皱了皱眉撇了撇嘴,脸上写着"嫌弃"两个字。"你就帮我一下吧。哥哥。你最好了。""烦不烦啊你?"同桌挑起眉毛。"快! 给我拿来听到没有!"融儿抄起一本《面对面》恶狠狠地横在我俩面前。"好嘞。"同桌瞬间弹起,毕恭毕敬地端着水点头哈腰地送过去。"切。"融儿劈手夺过,转身阔步走出教室，留下一个头发摆动、肉肉律动的动感背影。"自己不是走得好好的吗？还叫我拿！"同桌掐着腰，像个受气的小媳妇向我抱怨。说完，警觉地回头看一下窗外，确定融儿已经走远。"马上她回来就死定了！"他的语气强硬了许多。不一会，融儿踏着风回来了。同桌立马赔上一个明媚的笑脸。

自作孽，不可活。融儿的头发就是很好的例子。自己剪头发修刘海，以至于她的头发有时候像金龟子，有时候像没有抹了发胶的花轮，有时候是遮住半边脸的斜刘海，有时候是参差不齐、有长有短的齐刘海，甚至在某天看起来像潘长江的发型。校园里，经常看见骑车来上学的融儿。风中，只有一张脸，头发全部飞扬在脑后。每次融儿回头都是对我和同桌的巨大考验，她的脸过来了，头发还在空中运动，她的脸都转回去了，头发才刚刚转向我们。所以有时她转得急一点，我就只能看见一个黑色的圆柱体在我眼前甩过的。她的脸和头发就像生活在两个时区。虽然时常修剪，但对于洗头发这件事，融儿总不屑一顾。上课时，不经意看见她油光闪闪的头发，星星点点的头皮屑，立马把视线锁定在黑板上。冬天，坐在有暖气的教室里喝着热水是种享受。无奈杯子保温性能太强大，上课的时候，我把盖子打开，把杯子放在桌子上，期待着下课就能喝到温度正好的水。融儿依旧边听课边搔首弄姿地拨弄着她的头发，不时回头看看钟，总伴着销魂的眼神和我倒吸凉气的声音。久违的下课铃终于响起，我拿着杯子，靠在走廊上，居高临下地观摩着小学生做课间操。低头一看，觉得杯子里多了点什么。再仔细瞧瞧，水面上赫然盘着一根黑色毛发，貌似还有白色小颗粒随着水的荡漾轻轻摇晃。

　　初三下学期前的融儿不过是个嗲嗲的奥特曼,一个寒假过了,又有了学霸这个新技能,从此和平受到了极大的破坏。

　　"刚才讲的这什么啊? 怎么听不懂,我是不是傻啊?""我感觉大家都没听懂吧,应该还会再讲一遍。"数学课上,我和同桌小声交流。"别动不动就大家大家的,谁像你们一样听不懂啊,别把我跟你们扯到一块儿。真是的!"融儿回头,不耐烦地丢下一句话。我和同桌心酸地对视,沉默不语地低下头。"老师,你刚刚讲的不对吧?"融儿站起来,自信地侃侃而谈。老师脸上流露出藏不住的欣慰,微笑着用柔情似水的眼神看着她。其他同学都摆出一副"我也是这么想"的样子,削尖脑袋地想追上他们的思维。"跟你们说别把我和你们混为一谈。"融儿回答完问题,回头得意地炫耀。"听我和老师讨论什么感觉啊? 哦,你们听懂了吗?"她摆出一副人嫌狗厌的嘴脸。"感觉? 没感觉啊。""切!"融儿一个白眼翻到天上。

　　"你们看我是不是嗲嗲的,很可爱?""是爹爹吧!""我这样像不像一只猫啊?""黑猫警长吗?""你们觉得融儿这个名字怎么样,是不是感觉神秘又有魅力?""听我一句劝,还是容嬷嬷适合你……"

　　"少跟我抬杠! 我们都不在一个考场你没资格这么说。"同桌缓缓抬头,心在滴血。深深叹了口气,暗自神伤。

鼠　子

一个暑假后，我跟这个叫鼠子的女生分到了一个班。初中班里的同学大部分都是从本校小学升上来的，走廊上六年的擦肩而过让彼此都比较熟悉，省去了很多尴尬的程序，小学和初中无缝对接。

平时总被大家嘲笑腿短，在一次午饭后，鼠子向自我发起挑战。她搬来一把椅子，招呼大家见证她的尊严之战。五秒钟后，椅子卡在她的两腿中间，她的脸上蔓延着痛楚，却刻意地装着无所谓的轻松。慢慢地，她躬着身体，皱着脸，倒吸着凉气从椅子上离开。"看，很轻松吧！"说完僵硬着保持着笑容，两条腿叉着挪到角落里的座位上，一个人静静地坐了一个中午，一言不发。

"老师，我突然小腿好痛，能不能不跑步了？"鼠子扯着体育老师又黑又粗的手臂，尽量使声音语气柔弱些。"不行！"体育老师冷冷地拒绝。鼠子站在原地，嘟着嘴翻着白眼。"快去啊！"听到体育老师不耐烦地催促，鼠子直接像个泼妇一样坐在地上，两腿叉开，两手拍着草地声嘶力竭地咆哮："我都这样了怎么跑啊？"顺手拔了几根草抓了一把黑石子撒向空中。周围的人都惊呆了,瞬间有种看电视剧的感觉。鼠子艰难地站起来跛着左腿,一瘸一拐地向教学楼的方向移动,从我身边经过时我听见她微微的啜泣。她一瘸一拐地拖着沉重的身体穿过草地,路过沙坑,迈出体育场的门。突然,她回头望了一眼,然后步伐矫健地冲上了四楼。"那个小姑娘今天又没来啊?"第二天,体育老师问道。"啊,好像是。站队的时候没看见她。"课代表说。简单热身后我跟着队伍,在环形的操场上一圈一圈地磨炼体力。记不清第四圈还是第五圈,当我浑身难受、处在崩溃边缘,看见弯道附近的废旧看台上坐着一个女生。她冲我笑,还摇了摇手中的烤肠,脸上的得意直漾出来。

"不许讲我们家阿信!不许讲我们家五月天!不许讲我们家魏晨!不许讲我们家比伯!"鼠子凶相毕露地指着她的同桌。鼠子平时没有分给学习多少精力,少女的博爱就顺理成章地全部献给了音乐。初一的期中考试后,鼠子无心在教室里订正卷子,也不屑于缠着老师问问题,独自靠在四楼走廊的窗台上,居高临下地看着低年级的小孩子满操场不要命地狂奔。"我曾怀疑我走在沙漠中,从不曾结果无论种什么梦……"整个走廊空无一人,她小声唱起来,大声唱起来。碰巧我到楼下接水,一上楼看见一个女生在窗户边,半个身体探出去,唱着"对旧心酸一笑而过……"。想想刚结束的期中考试,再看看这眼前的景。"没事吧。考差点也不要想不开啊!"我试探地走过去,内心感觉自己正在拯救一个花季生命。她回过头来,定定地看着我:"看未来,一步步来了。"唱完,径直从我身边擦过,把我一个人晾在原地。

三年里，鼠子逃过跑操，躲过集训；三年里，鼠子向老师撒过娇，撒过泼……曾经她自己都不在乎的文化课，在冲刺阶段各科老师和自己的辛勤努力下达到了普高线。打打闹闹、偷懒嬉笑中，鼠子的初中生活，圆满结束。

水　王　子

都说女人是水做的,男人是泥做的,女汉子是水泥做的。卓卓偏偏不信这个邪。

卓卓总带着一瓶热水,即使是内心冒火的酷暑,也要捧着一杯热腾腾的水,一饮而尽。某一天下午,历史老师正摇着指头津津有味地描述着各代皇帝的奇闻轶事,我突然感觉脚踝一热。"那个……"上课从不讲话的乖宝宝卓卓突然戳了戳我。"那个,我水好像洒了,你鞋子好像湿了。"我低头一看,右边鞋面上果然是一滩水渍。"抱歉啊。"卓卓不好意思地看着我,连他鼻头的大红包也充满了歉意。当时我觉得那是一个意外。

第二天。"你快过来! 快啊!"正趴在隔壁班窗台上借书,坐在我附近的同学急忙地冲出来,拽着我的胳膊把我活生生扯到了座位前。一本语文书脸朝下地拍在地上。"什么破事,还把我拉回来。"我看了一眼,转身就走,心里盘算着我的借书计划。"那是你的书,而且湿透了。"他对着我急匆匆的背影幽幽地说。下一秒,我已经尖叫着捡起了书。书页潮湿,无力地卷曲着。打开第一页,明显有水浸过的痕迹。"又洒水！拿不稳杯子就别喝了好不好！"我抓狂地对着一脸无辜的卓卓怒吼。"我也不知道怎么回事，我就把杯子放在桌子上，它就自己倒了，也许是别人碰的吧。反正我也才刚刚知道这件事。"卓卓毫无愧疚感地碎念着。

"你干吗？快拿纸来！快点快点，要不行了！"从洗手间回来，刚走到门口就听见同桌激动得有点破音的咆哮。我蹑手蹑脚地来到座位上，并不想掺和。"你看看！你看看！你看看他多过分！"这个一米八的男人看到我就直扑过来，带着长长的哭腔和求安慰的语气。我拿起他手里的本子，翻看了一下。蓝色的钢笔字，写得挺好看。下一页，英语笔记很整齐，再下一页，整个版面都模糊了。本子上洇开一朵奇大奇丑的蓝色墨花，因为刚才擦拭得太激动，还挂着许多餐巾纸的白色纸屑。"天天泼水！我看他就是个漏勺！"

为了一探究竟，我一动不动地呆在座位上，用余光瞟着卓卓的一举一动。下课铃响了，卓卓拿出摔得到处凹瘪的保温杯，旋下盖子，倒出满满一杯热水。他把盛满开水的盖子和没有盖子的水杯随意地放在桌子上，离开教室。几个同学并排挤过狭窄的走道，桌子歪斜。两个人打闹追逐，杯子站不稳地原地打晃。"哎呀！"前排的同学伸了一个懒腰，向后用力一靠。哐的一声，水杯从桌子上跌落，走道的水泥地又加深了颜色，杯子磕在桌角又凹了一块，盖子在桌子上放肆滚动，水流漫延到了卓卓的同桌面前……周围的人都目瞪口呆地看着这片狼藉。卓卓悠闲地从外面晃悠回来，吊儿郎当地走过来，看看我们气得走样的五官，他又无耻地、怯怯地说："啊，怎么又这样。你们帮我作证啊，真不怪我。"说完摆出一副被冤枉的表情。"滚！去拿抹布、拖把给我擦！擦不干把水全倒你领子里！"一位压不住怒火的同学拿着自己的水杯威胁道。

以前很抗拒喝水的我奇迹般地养成了喝水的习惯,都是因为这个随时在仰头喝水的卓卓。天天像生活在海洋馆一样,都是因为这个每天洒水泼水的水王子……

永远十八岁的逗逗

初三之前，从没上过任何形式的补习班。

那个暑假，迫于压力，苦着脸第一次走进丝绸校区的新东方。

楼梯口边上的那个教室，跟三楼比起来有点破。第一排最左边的座位，离投影仪很远，离白板很近，那是我的座位。第一眼看她，她背着双肩包迈着密集的步子来到讲台，粉红和绿色交叉的格子短袖衬衫，略紧的牛仔裤，增高鞋。头发很短，有点高原红。她叫逗逗。

从那天起，我的周末、假期就和这个女生牢牢绑定。在她的课堂上我们是在用自尊换取知识，她负责把自己黑得发亮。

在做完型阅读专项训练的时候，遇到一篇匪夷所思的完形填空，大概讲的是一个乐观的小孩子在马厩里还是一样很高兴地玩耍，边跑边欢乐地往空中扔马粪。为了让我们充分理解文章的意思，好分析动词选项，逗逗连比带划地说："知道你们都没见过马粪长什么样子，来来来！大家看我。"刚刚还被题目虐得死去活来的大家瞬间被点燃了激情。"哦，马粪就长逗逗这样的。""哦，这下知道了。""嗯,真形象。"大家纷纷点头称道,逗逗比划一个圆圈的手,停在半空,一脸的尴尬和震惊。看着我们幸灾乐祸的熊样,她先是假装严肃地镇压,镇压无果,掐着腰、眯着眼打量着闹个没完的我们。"来,大家嗨起来!"最后加入了我们的无休止狂笑。

明明平时一个个都自视淡定,在逗逗的课上却一个个笑点低到脚底。到了后期,更是发展到逗逗一说话就有人笑得无法掌控的局面。一群十四五岁的小孩,即将面对短短人生中最大的挑战,是逗逗顶住万方压力坚持在"说说"里发中考倒计时,刺激着每一个偷偷上网的人的神经。在家长老师都向我们施加压力的时候,逗逗却很少这样,带着我们狂笑乱疯,一边做英语题,一边欢乐地吐槽发泄。经常有人觉得学生喜欢的就是那种不凶的没能力管不住我们的老师。其实不是,一个愿意和我们一起降低智商同时又保持原则的老师,才能使我们信服。

因为,逗逗曾经威逼我们承认她只有十八岁。逗逗曾经骄傲地说过:"我的男朋友和老公。"逗逗永远算不对简单加减法被我们嘲笑,一气之下找数学组的老师讨了一道数学题来卖弄。逗逗无数次用自己的励志减肥故事激励我们努力学习,可大家的点却总在减肥这件事情上。逗逗发在"说说"上的所有自拍合影,都会引来大家排队形:逗逗老师永远是照片里最逗的那个! 逗逗穿个裙子,套个"黑丝"对我们来说都是天大的事情,早早地准备好相机手机在一边候着。

所以,我们会毫无拘谨地跟她交流。我们会在她面前暴露出调皮的一面。我们会承认自己的错误而不会不好意思地隐藏。在我们面前提起逗逗，大家的反应是：她数学不好；她减肥要反弹；她有好多男朋友和老公；最后，才想起来她好像是个教英语的。

刚刚认识逗逗，她还是个十八岁的花季少女，现在听说都要成为人妻了。刚刚认识逗逗的时候我还是个初中生，现在我也要上高中了。我在科大 A 班，她已经离开了丝绸校区。理论上来说我们没有什么转角偶遇的可能了。

逗逗，谢谢你，谢谢你参与了那段不可思议的备考时光；谢谢你让我的英语成绩有所提高；谢谢你让我知道一个老师可以如此歇斯底里，是你让我重新定义了补习班辅导班的形象。好爱好爱好爱你啊。永远十八岁的逗逗！

零 零 后

　　我的同学大多是一九九九年出生,我们是校园里最后一批九零后。

　　初中的三个年级待在一栋楼里,一楼到三楼依次分布。初三的课间,我靠在走廊上嚼着饼干,喷着渣子和同学聊天。听着楼下癫狂的号叫,看着操场上疯跑乱窜轨迹不明的身影,明明自己就是个一九九九年六月份出生的人,但总无法克制地撇着嘴,一脸严肃地下结论:"零零后还真幼稚。"九九年十月的同学表示赞同。

　　高一开学不久的课间,同桌一脸惊魂未定地对我咆哮:"刚刚!一个男的甩我一脸水! 关键是我居然不认识他!!! 还冲我'嘿嘿',嘿个头啊他!"我还没想好怎么补上一刀,她又扯着喉咙指着门外,鼻孔瞬间扩大。顺着她颤抖的手指,一个扭曲摆动的肉墩毫无征兆地冲进来,教室里的人下意识地避开了。他潇洒地把手一甩,一个正在写作业的女生捂着脸缓慢地抬起头来,茫然又不悦地用目光搜索,当定格在一张略露粗野、胡茬乱冒的脸上时,文静的她咽了下口水,叹了口气接着低头写作业。

上午第四节课,饿得发颤,喝水充饥。一股小卖部的味道从后面蹿过来。回头,他油油的右手拎着一把滴着红油的辣条,左手提着装得满满的袋子。是一块钱的大包装。左顾右盼,看好时机踩准点,一吃就是一把,不忘吮吮手指。吃到最后,直接昂起头来拿着袋子抖动,饥渴的嘴噘起去迎接。咂吧咂吧,舌头在嘴唇上扫一圈,搓搓手,整个人像是油腻了几倍。

终于,那股霸道的气味随风而逝,他突然伸手撩了一下同桌女生的刘海,一脸坏笑。同桌触电了一样极速摆弄着刘海,闻了闻拨刘海的手,那味道!一下课,就洗刘海去了……

生物课,是他最放肆的时候。年轻的生物老师从踏进门的第一秒起就遭到了他的疯狂破坏,以至于到了癫狂状态。"你你你啊,说你啊!坐好了!不要吵了!哎呀,我快疯掉啦!!"生物老师边叫边扯开了衬衫的第一粒纽扣。"你们女的就麻烦!"他继续保持着不羁的坐姿。"你个小破孩!你除了你妈你了解哪个女的啊?""你啊!"他瞪着眼,一脸挑衅地看着生物老师,过度地挑眉导致额头上出现了几道肥肉的沟壑。

"看起来蛮沧桑怎么这么幼稚啊。"反复确定他不在附近,我和同桌开始讨论。"哦,我那天听人说他是零零后来着。""我就说嘛。零零后都这么幼稚!"

第二天。"你零零后啊?"我随意问他一句。他蹭的一下站起来,一副要一命换一命的姿态:"不服啊!来干架啊!老子怕你啊?来!来!""没事没事。"我迅速撤退。

钟大大，萌萌哒

"唉！唉？你们，啊啊！"钟大大震颤着激动的小短眉，语无伦次地捶打着黑板。"怎么都忘了！"看似普通的一句话，被他叹得荡气回肠。前三个字似乎是在对自己喃喃自语，低沉的调子缓慢的节拍，边说边摇头。随后的那个"忘"字，起初听起来像是古庙里老钟的共振，但随着钟大大口腔的扩大越来越强，突然他一皱鼻子，狰狞着瞬间飙升到尖锐的地步，海豚音一样飘逸空灵的结尾，偶尔还有破音的小彩蛋。最后的"了"字轻轻带过，再次摇头叹息。底下的同学纷纷压低嗓子拧巴着脸模仿，时常会发出枯哑的喉咙撕裂声，此起彼伏，头皮不受控地发麻。

每天一进教室，钟大大第一时间把还算干净的手指，插探进粉笔盒中。搅拌，翻滚，寻觅，用食指和中指夹出几根长粉笔，在掌心掂量一下，干脆地掰成两半。抓着半截粉笔，钟大大以不可思议的速度大力书写，发出叨叨叨的声音。写错了题，他基本从来不用那唾手可及的板擦。指尖，手掌，手背。他固执地用肌肤去抹蹭，后果就是黑板像盖了层雾霾一样朦胧隐约。半节课后，空中挥舞的

91

右手已经惨白。越讲越投入,钟大大进入了他自己的模式。背微驼,上半身向前探。脸朝地,翻着眼珠,凌厉的杀气目光扫射全班。嗓音忽尖忽粗忽爆破,听得人一愣一愣的。他用左手配合着语言,粉白右手默默地,静静地,找寻着裤子口袋的入口。手,在牛仔裤的侧面搔痒痒般地画着半圆,时不时地往里一拱。很快地,口袋附近像蹭满了痱子粉。过一会,钟大大又垂着掉粉的手,在教室里绕圈圈,偶尔停下指点同学,也要随手刻下两个浑圆的手指印记。黑猫警长来了,白雪公主走了。四十五分钟的一堂课对钟大大就像是在玩变装小游戏,自由地任意切换肤色。

过了一个学期,这已经成了大家在数学课上最大的守望。所有人两眼放光地观察着他面部的微小动作,心急如焚地等待。"唉!"钟大大一声叹息,两眼迷离,"都忘了!"四十几个人张着一模一样的大嘴,都如痴如醉地完美着各自的音节。钟大大的嘴形定格在空中,深吸的一口气又悻悻地吐出,一脸被堵后的小委屈。大家毫不收敛地继续自我欣赏,他不耐烦地站在讲台上,右手移动到大腿侧面。"前边前边,口袋在前边。"前排的操心婆子又立刻凑了上去。

学霸中的小可爱

物理课上,他一脸严肃地叉着腿,皱着眉头,紧盯着正狂轰滥炸般书写的粉笔头子。畅游在老师慈爱的目光里,高速持久等幅的抖腿让他看起来那样严谨。同桌啃鸡腿啃得满脸油腻,他咬着笔帽对着题目呷吧嘴。后座睡得静如磐石,他的思维早已飞进太空。我靠着强力薄荷糖死撑硬抗,目光呆滞,表情麻木。他时不时托着下巴若有所思,时不时和老师你侬我侬地眉来眼去。好不容易下课,抑郁地抓着头发,身边的他意犹未尽地念念有词地在草稿纸上写写画画,还发出顿悟的惊叹声。我觉得我跟他听的不是同一堂课。

如果这只能算得上学霸的基本素质,那他还有一项惊悚的特技。下午上课前,闹腾的我们围坐在一起,嘿嘿地笑着,争抢着叽叽着废话,一个个五官变形,脸上肉肉错位。突然,大家有种被监视的感觉。猛回头,学霸正以大家闺秀的姿势托腮而坐,柔柔的眼神看着我们。瘆得慌。"学霸你干吗呢?""没什么没什么。"刚把头扭回来,还没来得及吱一声,"我只是看看化学方程式。反正马上要听写了。"学霸轻描淡写地叽叽着。"啊!"所有人立刻四处逃窜,疯狂地翻找着笔记。"马上就要考试了。""下节课就要听写了。""老师刚才说要检查背书。""快期中考试了。""下星期就要学新单元了。"他整点报时一样,日日不间断地挑逗着别人的神经。"这样不好吧。""还是先跟人家道个歉吧。""不要说脏话啊。""别对别人吼。"他像四处游走自带圣光的道德小标兵,让我们时时刻刻意识到自己的粗俗鄙陋,无知低端。

学霸就这样不分昼夜地散发着这种大妈般的友善气质,然后,班主任亲手把班里最粗野狂暴的汉子推到了他的身边。经历了前几周的碰撞,那个小孩脾气的糙汉子深深地爱上了这款温柔体贴、文静内秀的学霸。"哎呀,你起来起来。"学霸满脸红晕地推脱着,身上挂着同桌。他的同桌霸道地勾住学霸的肩,搂住学霸的细腰,一副撒娇的小姿态。"好好听课啊。""别讲话了。"经过一天天的打磨,他终于显示出母性的光辉,看同桌的眼神充满了宠爱,用宽广的母爱包容着粗俗的小孩。

作为学霸中的小可爱,周围的凡人们从未感到来自他的恶意鄙视。那节自习课,毫无征兆地考了物理,大家一个个半死不活地苟延残喘,机械麻木地写着些无关痛痒的公式企图诈得几分,个别极端的已经拉扯着头发。班主任觉得我们有浮夸表演的嫌疑,俯身温柔地轻声问道:"你觉得这次考试难不难啊?""一般吧。"学霸淡定地回答。班主任的目光立刻凶恶起来:"你们别讲卷子难!都是你们平常自己不做题,现在后悔了吧?""那个……其实里面有好几道题也是很难的,其实也不是那么容易。"学霸一边慌忙地弥补,一边向一双双瞪着他的血红眼睛点头道歉。

噗噗和小鸡

高一报到那天,丧心病狂地发了十几本书。场面很是混乱。淹没在书堆里的我左数右数就是少一本,烦躁得要死要活。"同学不好意思,能不能麻烦把你的书借给我核对一下?"无奈之下只好披着礼貌的伪装,拍了前排男生的肩膀。他出奇的热情,立马转身,他左边的男生也一副正直青年的模样,两个人一本一本地帮我核对,一派相互帮助的和谐欢乐。半学期后再回忆起来,"那真是我这辈子听你对我说的最有礼貌的一句话了。"课间,小鸡放肆地摊开双腿,瘫在座位里,衣服也掩盖不住他肚子上嘟嘟的肥肉。"哼哼。我当初只是把你当个小工具而已。"我边嚼着饼干,边往外喷渣。小鸡不屑地瞥了我一眼:"你能不能吃完再讲话。"又对着噗噗挑眉:"唉,你现在还会帮她吗?""谁?谁?我一定帮!"一米八多的噗噗突然站起来,用他最大的嗓门明知故问,一副守望远方亲人的表情。他的眼神一点点向我移动。"你?关我屁事嘞!"他一耸鼻,嫌弃地吐着每一个字。说完,屁股往外边挪了挪,把外套裹得更紧。小鸡并没有憋笑。他在放声狂笑,脸上的肉把本来就不大的眼睛挤成顶角很大的钝角三角形。

小鸡的头发，总是翘得歪七倒八，像任性生长的鸡冠。"小鸡你就不能梳梳你的破头吗？"噗噗早上一来就充满攻击性。"谁说小鸡头发怪了？这么标准的板寸。"小鸡立刻向我投来油腻的堆笑，整张脸都在努力地讨好我。"因为他的脑壳就是凸的啊！"我起身，老中医一样地把手指插进他的毛发里摸索。小鸡心滴着血，干笑几声。

开学几周，和噗噗成了同桌。我们文明相待，各自高冷着，相互间的称呼还停留在全名的阶段。"你们平时上学，包里要装……"班主任正唠叨着琐事。"呦呦！背包里装满纪念品，呦！和患难。呦！"我默默在心里打着鼓点，微微地抖着。余光，我用余光看见我的同桌似乎也不太安分地扭动着，"呦！还有呦！还有摩擦留下的图案呦！"他极小声地念叨着。相视一笑。是那种牙花子都露出来的，都相视一笑。小鸡回头，有意地扩大自己的鼻孔，眯起眼睛，看着我们摇了摇头，眼神很是复杂。"完了完了，两个疯子合体了。"小鸡惶恐地对他的同桌说。

"我跟噗噗是多好的一对璧人，你就这么活生生地挤中间。羞耻！"小鸡小媳妇一样地凑过来，我和噗噗正闹得兴高采烈。"你说小鸡今天怎么头发不翘了？""就是。头发趴下来跟个土拨鼠一样。"我俩争先恐后地模仿起土拨鼠。"你俩真是绝配。""土拨鸡"走了。咯咯哒……

老妈生日快乐

终于,挨过了中考,混掉了充实到爆表的暑假,不知不觉结束了军训,接下来的一步就是正式开始高中生活了。高中三年,被太多人扭曲或美化、夸大或缩小,但学习是雷打不动的主旋律。

学习这事,估计是唯一能引发我俩之间矛盾的东西了。基于我时不时蹦出的脑残计算错误和偶尔我们步调一致却背道而驰的固执坚持,被骂得满脸狗血、泣不成声,各种不服各种委屈各种自怜,心里负能量爆表,"以后再也不跟她聊天了!""以后回家后就故意摆臭脸!"边哭边默默发毒誓。一脸怒火,声音震天,对于不忘给你剥虾剔鱼骨的人,却怎么恨得起来呢。

小时候总傲娇地认为我已经足够成熟,不再需要你,可现在是越来越离不开你。没有你的坚持,我可能不会走出初二的颓废放肆,可能不会成功留在科大 A 班。没有你的坚持,我不会潜入海底,不会站在一万五千英尺的高空一跃而下,不会对着桥下的奔腾流水纵身一跳。如果没有你的努力,我的小"破"文章不会登上报纸。不知道还有没有第二个人会为了听我唠叨而多喝一碗稀饭,一再耽搁减肥大业。不知道有没有第二个人会为我安排学习计划，并每天记录。不知道有没有第二个人会为我的小小成就、点滴进步激动，为我的散漫懒惰心急。不知道有没有第二个人会陪我看 NBA 十佳球，会当我决定去迈阿密时鼓励支持，会在勒布朗转会骑士后帮我联系克利夫兰的旅行。

不知道的事太多，但我知道你爱我，我爱你。

好好学习，天天向上。赶快毕业，带你去逛。

生日快乐啊，老妈！

不完美的美丽

"你看我们班那女的有病吧,一个破委员一天到晚在班里上蹿下跳地管闲事,烦都烦死了。"课间,高中部学生在大广播的吆喝催促下懒散地下楼做操。站在五楼往下看,满屏密密麻麻的人头。"那她除了事多还有什么?""我哪知道,谁愿意多看她啊。哦,还有我那个同桌,不是学霸还天天在那假用功,瞎深沉……"嘈杂的脚步加上嬉笑打闹,有混乱环境的掩护,正适合撒撒怨气。刚刚还文静羞涩的姑娘瞬间火力全开,碎嘴鸡婆起来,喋喋不休,毫不顾忌,隔壁班的朋友连比带划地抱怨着。

卫生委员正抄着两块黑板擦,扎在黑板前做大臂绕环,黑板的脸在小火轮的扫荡下都快被蹭掉了皮。惨白的颗粒漫天狂舞,四处弥漫,瞎深沉抱着膀子,一动不动地任粉笔灰落得满头都是,神情呆滞地对着卷子钻牛角尖。十五分钟后,同学三三两两地晃悠进教室。卫生委员把板擦在手里掂得像块砖头,嘟囔着:"值日都不去,就知道玩,一点责任心都没有!""要我们表扬你吗?"旁边男生冷冷地看着她,左手右手都搭在旁边人的肩上。"看卷子看一个

102

课间时间呀,学霸你真刻苦。"瞎深沉的同桌阴阳怪气地扔下一句,转身和后座继续热聊。卫生委员默不作声地端了一盆水回来,一边躲避着到处横冲直撞的同学,一边洒着水。"都洒我脚上了!没事你泼什么水啊?'泼妇'吗?"一个穿凉鞋的女生厌恶地扭了几下潮兮兮的脚趾,留下一个大白眼。卫生委员端着盆愣愣地杵在那,过了很久,咽了下口水。

中午放学,卫生委员和瞎深沉一前一后地走在一条路上。突然飘了雨,细小的清凉划过怒放的栀子花,那迷香显得更加清幽。瞎深沉依然锁着眉,面色凝重得像一块烂抹布,气压低沉地蹲在路边心不在焉地系着鞋带。一群元气满满的小学生尖叫着从身边呼啸而过,边跑边跳边搂,一阵胡乱折腾。"你们……"话刚出口,卫生委员就硬生生地把它憋了回去。花落了一地,蹲在地上的瞎深沉伸手捡起一朵,在手里把玩捏弄。

岔路口,他们一个往左一个向右。不同的两个方向,一模一样的死鱼脸。站在路口等待的瞎深沉研究起了手里还翻涌着香气的栀子花,刚凑到眼前,一只莫名其妙的小虫就从里面优哉游哉地爬出来。他伸出跷着兰花指的手,一捻,一弹。红灯还有二十秒。把层层相遮的花瓣掰开,那股淡淡的气息又爆炸般扑过来。再看,一只钻得太深的蚂蚁,卡在两片花瓣交错的位置。人行道的绿灯亮了。瞎深沉随着人流穿过马路,随手,把花抛进垃圾桶。

多事。做作。无趣。片面的说辞总像牢网,覆盖着,囚禁着。当错乱无序的纷繁事件化作炽热严酷的光毫无征兆地投过来时,得到的反射不可能是一味的萎靡或斗志昂扬,躁动或不动声色。

显微镜的载物台太过冰冷与理性,有血有肉的人要沐浴在生活的光里。逆光的剪影美过放大后的毛孔,过度的探寻和无谓的夸大会毁了那些不完美的美丽。

理想就这样碎掉了

The Ideals Have Been Shattered

自己考上的中学，跪着也要念完。无法避免地撞上挂科的分数，内心那些不切实际的理想让我们依旧嘻哈。遭遇犀利言语的重挫，放空脑袋，憧憬那美好的未来，眼前的一切也就自动屏蔽了。

不止一个两个三个

喜欢勒布朗是他在骑士的时候。起初是因为一张图，勒布朗的单手扣篮。感觉他的动作属于实用的类别，不像麦蒂那么风骚，不像艾弗森那么灵动，一个简单的单手劈扣，足以把对手吓尿，引爆全场。不论在骑士，在热火，还是日后再次披上骑士战袍，这个动作的经典程度不亚于三分线外姿势如雕塑般完美的阿伦。

勒布朗接到底线发球，一个人运球推进在前场，大Z缓慢地前来策应，瓦莱乔潜在底角，随时准备假摔。对方防守尖兵贴面看防，两人包夹，三人包夹，禁区附近的紧缩防守……利用身高体重的优势和极快的启动速度，他扯开空间，利用对手的疏忽，突破重围，以简单的劈扣结束。

查尔莫斯持球，不紧不慢地来到前场，波什罚球线处要球，立刻遭遇两人包夹。韦德从右侧切入，波什传球，韦德启动，同时勒布朗溜底线来到篮下左侧位置，韦德跃起，防守队员跟着起跳，伸直手臂，韦德小抛，勒布朗跃起，空中拿球，单手劈扣。右侧底角，雷阿伦气定神闲。

　　这两种感觉是完全不一样的。在骑士时期，作为过于突出的箭头人物，被包夹是平常不过的事。伴随着的是不合理的出手，低下的命中率，低效的得分，队友的沉默。勒布朗的中投远投惨不忍睹，这成了全联盟的共识。来到热火的四年，他减少了大量的三分出手、中距离，将进攻点放在新开发的低位、篮下。左侧成了他的甜区，射手专利的两个底角也常常出现他的身影。他的投篮更加合理，命中率自然上升。现在，他的射术已经毫不逊色于那些公认的神射手，一度因为超高的命中率和节制的出手霸占头条，一举改写历史记录。作为联盟的头号，拿着相比于自己的价值低到无极限的薪水，出手数少了安东尼、哈登一大截，得分榜、效率榜、MVP榜，却总没缺席。近几年在 MVP 之战中，输给罗斯和杜兰特完全是因为人们的审美疲劳，在个人表现和贡献方面不相上下。

　　大鲨鱼远离，F4 解散。科比独自带队，身边一群 NCAA 级别的队友，在大加索尔到来之前深陷泥潭，81 分拿过，50 分常事，但胜利还是那么难，不拼尽全力就没有希望，再加上他变态一样的求胜欲，结果就是一身伤病，带伤上场，导致的就是赛季报销。同样是奥尼尔的离开，莫宁的退役，佩顿的挥手离别。韦德独自一人，艰难地支撑，每一次把自己的身体扔在空中，毫不畏惧地在禁区内肉搏，只为换来几个罚球、几次得分的机会。不停地加速突破，不断地变向摔打，这种打法成就了他的今天，也毁了他的膝盖。在乔丹退役后留下的巨大落差中，罗斯渐渐崛起，更加凶残的打法观赏性极佳，赛季报销—复出—再报销。乔丹的接班人希尔，被伤病折磨得遗憾退役。包括姚明的脚、霍华德的背、库里的脚踝……都成了阻碍他们的因素。高昂的头颅,不息的斗志,坚韧的决心,宏图大志……这些在伤病面前都不得不低头认尿。

　　勒布朗合理的打法和科学的训练使他远离毁灭性伤害,现在完全成了傲然挺立的一朵奇葩。没有重大伤病的干扰,回到克利夫兰,和优秀的队友配合,他带给骑士的,不是一个,不是两个,不是三个……

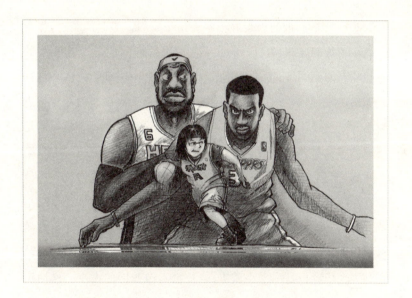

格局重置

　　2010 年勒布朗的出走并不多么出乎意料。当时的骑士，作为一支小市场的球队，为自己的好手气抽来詹姆斯而庆幸，多少年的鱼腩状态得到缓解，球迷也开始找到慰藉。一切对于他们来说都是那么美好，但勒布朗不是一般的球员，他是读高中时就登上杂志封面的全美最佳，是领衔'03 黄金一代的天之骄子。他不能只满足于季后赛和打酱油一样的总决赛。常规赛 MVP，全明星 MVP，第一阵容，奥运会冠军……一切的荣誉都无法遮掩这个事实——他没有总冠军戒指。骑士无法给他一个足以冲冠的阵容。大 Z，小莫，都只是能力有限的帮手，奥尼尔确实厉害，但已是职业生涯的暮年。在禁区全靠硕大的肉体和眼神，在罚球线上依然风采不减。克利夫兰毕竟也是一个小城市，老板也不像篮网的大亨一样动辄几亿，他们只能小心翼翼地守护着他们来之不易的小苹果——勒布朗。他们舍不得花大钱，也没有魄力靠自身魅力招来明星球员。相比于洛杉矶的繁华、纽约的热闹、芝加哥的氛围……克利夫兰的环境，很难吸引大牌。

　　反观热火,有日渐成熟、脚步迷人的韦德,中投精准的哈斯勒姆和有一票有交易价值的角色球员。随着詹姆斯的决定,波什头也不回地离开了那个2003年选中他的多伦多,那个唯一脱离美国本土的寒冷地方。韦德、勒布朗、波什,看起来相当完美的组合,有勒布朗的大局观和顶级的防守、突破,有韦德的无解迷踪步、撕扯空间的绝佳能力,波什的中投……三双白花花亮闪闪的大腿一起亮相,抱大腿的人就不在少数。热火的配置思路很简单,有点像2009年的魔术:一个顶点,一圈射手。只不过热火是以三巨头为核心,搭配一对三分出众的射手。琼斯、查尔莫斯、阿伦、麦克米勒、刘易斯、巴蒂尔……勒布朗来到热火就减少了三分的无效投射,增加了低位的进攻,开发了背打,增强了一直被诟病的投篮,变得无所不能。比起第一年的手忙脚乱,后三年相对轻松,三巨头不用铆足全力,在无敌拉风的大连胜中,甚至轮休。与骑士时期一切围绕勒布朗,一切全靠勒布朗的无脑战术不同,热火显然更好地使用了联盟第一人,他的技术得到了全面的提高。这四年,最爱他和韦德的配合——不用回头的空中接力,玩的就是自信。

　　这次勒布朗回到老家,骑士将出现恐怖的四状元。勒布朗、欧文、本内特、维金斯,还有瓦莱乔等一些有一定实力的球员,门外一堆汉子急吼吼地赶来自愿底薪加盟。热火沦为单纯季后赛球队,骑士立马冠军赔率飙升至第一。联盟就是这么现实,加内特曾对勒布朗说,你的忠诚有时会害了你。勒布朗对冠军的渴望促使他加盟热火,当他拿到两个戒指,自身等级提高后终于意识到,家对于一个人的重要性。在转会声明中,他说迈阿密像是人生中的大学,美好,但总归要毕业的,只有家乡才会永久地保持魅力。

勒布朗再次远走,成就了全美体育史上的传奇经历。韦德拖着半残废的膝盖,和顶新续约的波什守着迈阿密这座几天前还喧闹无比的空城。身边的角色球员也随时准备追随勒布朗,刚刚签来、准备用来留住詹姆斯的格兰杰等人陷入无限尴尬,这才真的叫热脸贴到冷屁股。曾经的季后赛仇人,东部死敌。在一场伤病后发现小弟崛起了,球队变了,被贩卖,被交易……终于放下自尊,加盟热火,准备抱一会大腿,借一下前对手的光,为职业生涯添上一笔。结果人家拍拍屁股潇洒走人,再精明的神算子也无能为力了。

四年前,他的决定影响了整个联盟。各个球队开始盲目求快,展览球星胡乱拼凑,忽视了配合和团队。篮网,湖人,尼克斯……都成了失败品。四年后的今天,又是一次决定。NBA 又会怎样?

理想就这样碎掉了

2010 年。是四年前的事情了。

他带着天赋远走佛罗里达迈阿密,留下的是整个阿克伦,整个克利夫兰,整个俄亥俄州的迷茫。球队重建,通过摆烂获得高顺位选秀。队友出走,曾经记忆里的骑士的重要成员只剩下瓦莱乔。四年前,我看着新闻郑重地思考,勒布朗,克利夫兰骑士,究竟是谁在吸引着我?最后当我发现答案是勒布朗,瞬间把骑士踹开,开始了解热火这支远在南海岸的球队。

第一个赛季,那样万众瞩目。经历了丹·吉尔伯特的信,克里夫兰球迷们的嘘声,球衣被烧……他迫不及待地证明着自己,结果饮恨达拉斯。他背负了来自全联盟的骂名和压力,第二年第三年,连续两年实现卫冕。热火王朝即将建立,三连冠唾手可及。一切看似顺理成章,却 1∶4 耻辱性地输掉了决赛。与他对位的年轻的莱纳德还捞走了 MVP。曾经那个号称脚踝终结者的好朋友韦德,如今只能拖着积水的膝盖慢悠悠地前行。曾经那个光着脚投进三分的麦克米勒,被特赦。曾经那个冷静的贴面防守者肖恩·巴蒂尔,宣布退役。还有那个肉盾安东尼。这四年,热火碍于薪资空间,在本该大力补强的内线没有大动静。唯一的"鸟人"也只能顶替一两节的时间,强大的防守能力和无限的激情背后是几乎为零的投射和无法掩饰的年龄。'07的悲哀,奥登大帝也没能实现人们对他的期望,直到最后他也只能在垃圾时间登场走走跑跑。来迈阿密的时候是为了冠军而来,代价是背叛家乡伤害了一座城市。回克利夫兰是为了弥补伤害,代价是与马里奥、韦德、萌波的友情。

刚刚在微博上看到一个段子:"几个月后韦德控着球,回忆突然充斥在脑海里,与现实交织而变得模糊。韦德把球高高抛起,一个穿着6号球衣的男人会心一跃空接暴扣,'嘣'的一声将韦德从回忆中拉回,抛出去的球砸在篮板上,弹到对手手里,韦德望着空中本该那个6号出现的位置,默默地微笑转身,叹了叹气。"虽然萌波续约热火,但再也看不到他贱贱地抢镜的样子了,看不到3号和6号的完美配合。犹记得那个画面,韦德向后抛球,然后张开双臂,后面的勒布朗腾空而起,干脆的暴扣,轻松地得分,整个过程韦德没有回头,他知道会发生什么,他的伟大的小伙伴会完美地完成这次进攻。

大半年前,我一本正经地规划了自己的人生——去迈阿密当一名特派前线记者。我甚至为了在《灌篮》杂志上看到的一行"本杂志迈阿密记者报道"而兴奋不已,感觉自己的人生有了方向。迈阿密,慵懒的南海岸,我一度感觉这是自己的人生归宿,结果一切都在今天破裂。勒布朗又回到了克利夫兰。显然,我的理想就此落空,克利夫兰的环境让我不再像向往迈阿密那样渴望。

我爱的是勒布朗·詹姆斯，不是佛罗里达的迈阿密热火，也不是俄亥俄的克利夫兰骑士。勒布朗的球队便是我的母队。这是经历了两次震撼的我得出的结论。

防还是不防

放假以来成天被单词虐得有气无力,师傅约着打球自然是乐呵呵地跑去了。

还是熟悉的农大,室内,木地板。太久没有触摸篮球,当手指戳到那颗粒质感的球皮,还略微激动了一下。

有球网的场地总让人动力十足。球毫不拖泥带水地空心入网的唰啦声,球撞在地板上的哐哐击打声,球鞋在变向时叽叽的摩擦声,简直拨动心弦。还在换着角度投篮找手感时,师傅约的球友一个个地赶来。头发油亮的"科比7"明显走的是装酷范,穿着大红的羽绒服不停地后仰跳投。后来的"杜兰特7"和"max跑鞋君"一边聊天一边投球,几个人推推搡搡地你争我抢,半开玩笑半认真地横冲直撞。我自然是明智地到处躲闪,如果被他们踩一脚那后果是不堪设想的。差不多每隔三球,他们就会用最最软绵绵的传球把球喂给我,以一种又想给我球又怕伤着我的心态。

"Hyperdunk low"和"大橙"不知道什么时候混了进来,再加上我师傅,七个人眼巴巴地共用一个球显得有点寒酸。干脆3对4好了。在这种比赛中,我以一个防守端游荡者、进攻端作弊器的模式不要脸地存在着。师傅站在弧顶发球,其他五个人相互卡位贴得很紧,处于无人看管状态的我杵在右侧60°油漆区外。另两个队友左绕右跑地伸手要球,我师傅却突然把球扔向了我。就在我拿到球的那一刻,整个球场都停止了。他们纷纷原地站立,对我行着注目礼,离我最近的"大橙"还侧过身给我让出一片空旷视野。这球当然是进了。这次他们还对我表示赞许。但当我在同一位置以完全一样的手法如法炮制了三分,"科比7"不安静了。"别传别传你自己投!"对方已经看透我们队猥琐的战术。在我更过分地绕过"Hyperdunk low",在他面前上篮成功后,他们集体露出纠结窝火的神情。防吧,把我盖了算怎么回事呢? 不防吧,也不能看着我放肆刷分啊!"你去防一下。""你要去你去,我才不去呢。"他们互相推卸着责任,最后还是没有人英勇无畏地挺身而出。

第二局,我分在了完全不同的一组。刚才敢怒不敢言的"科比7"瞬间学以致用,"投投投!"球又向我扑来。这套战术的创造者也渐渐感受到了它无耻的一面,口口声声地叫嚣着要来亲自防我,可终究还是没下得了手。两局过后,大部分人都坐在场边开始聊天,师傅正在纠正我的上篮动作。"五(我)跟里(你)讲,里(你)亲(千)万别听塔(他)的。五(我)以前不止到(知道)打得有堵(多)好,现在给他脚(教)的。哎。"旁边,"詹姆斯小哥"一刻不停地用合肥话诋毁着师傅。"你别在这跟我烦啊。"好脾气的师傅不打算追究。"哎哟哎哟!""詹姆斯小哥"仗着自己的年轻活力在师傅面前快速突破,一边起跳一边嚷嚷着:"吊打队长! 吊打队长!"年老体衰的队长想起刚才比赛屡屡不进的三分,默默地向外撤了撤。

胜利的秘诀

克里夫兰骑士,8号,马修·德拉维多瓦,一个赛期前的夏天,他还是无人问津的澳大利亚白人后卫,并不突出的远投,平庸的身体素质,没有耀眼的选秀顺位,没有媒体球探的关注。他默默地隐形于喧嚣的联盟之中,没人注意这个二年级生的存在。然而,在2014—2015赛季,他毫无征兆地爆发了,就像当年席卷全球的"林疯狂"。季后赛MVP榜第七名,季后赛期间其球衣销量激增数第一,单场20分关键罚球拯救球队,凶悍防守扑灭对方核心。被贴身防守压制得没脾气的库里掐着腰苦思冥想——这货是谁?

克里夫兰骑士,5号,J.R.史密斯。劲爆的弹跳和速度、准心极高的远投,他是特立独行的激情疯子,他是懒散放荡、阴晴不定、让人又恨又爱的刺头毒瘤。纽约迫不及待地把他打包兜售,以为清除了球队的定时炸弹,丢掉了扯后腿的累赘。可当他披上骑士深蓝色的战袍,事情变得不可思议。他开始主动加练,积极防守。他开始承认错误,虚心讨教。深陷连败阴影的安东尼难以置信地望着他满满正能量的身影,这还是上赛季那个顶撞裁判,在更衣室撒

119

泼闹事的 J.R.吗？

不同于科比孤胆英雄式的伟大，勒布朗的独特之处在于他自带体系的强大感染力。当他宣布带着天赋和忠诚重回骑士，克里夫兰就不再只是一支徒有活力的年轻球队。三巨头之一的凯文·乐福开赛不久就赛季报销，本就不华丽的阵容显得捉襟见肘。勒布朗和欧文是仅有的两名明星球员，但骑士全员的惊人转变让这种鱼腩状态成功触到总决赛的地板。

勒布朗时常扮演着组织前锋的角色，自身强大实力吸引的包夹总能给队友创造空位，再加上他宽阔的视野和无私奉献的作风，场均 7 助攻都是常事。他不遗余力的拼抢和扑救潜移默化地影响着年轻球员，全队积极的防守态度和高强度的压迫紧逼，使得他们一次次在客场带走胜利。他及时精准的传球在训练比赛中形成了风气，让骑士在短短一个赛季的磨合中也能打出巧妙的配合。他刻苦的训练和严谨的态度掀起了训练场里的比拼热潮。"训练时都像是在打架。"主教练大卫·布拉特这么形容。

篮球是五个人的运动。胜利的秘诀，就是盘活全队，让队友变强。

坑爹的人字拖

为了减轻行李的重量,这次出行,我只带了一双人字拖。

在吉隆坡的地铁里,我左闪右躲,在浓郁体味的大叔的夹缝中生存,任何一个人都是我暴露在外的脚趾的威胁。好不容易避开了壮汉们,一个老爷爷踱了过来,然后用拐杖,准确无误地戳进了我的脚趾缝,还捻了几下。老爷爷还拖泥带水,真是个狠角色。

在吉隆坡的那几天,疯狂地穿梭在地铁与大街小巷间,人字拖的底就这么啪嗒啪嗒、啪嗒啪嗒地一次次砸向我的脚底板……觉得脚底板都肿了。人家走起来带风,我是走起来带音效。

大夏天,出脚汗。走在路上,正看着旁边的小店,突然身子一跄,低头发现自己的脚已经悄然从人字拖里滑出,而停在那里的人字拖,赫然有条明显的分界线,看得出,那是我脚的轮廓。

更让我尴尬的是合肥动车站的那一段大大的斜坡。走在上面,我都想死!人字拖就像个摆设,还是个碍脚的摆设啊。每一步都是艰辛地迈出又无奈地滑出来,整个人走太空步般的在斜坡上做着无用功。

　　刚走一半,看见老爸已经站在顶部俯视我了。再看看啪嗒作响的人字拖,感觉不会再爱了……

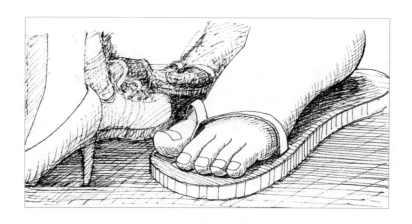

走在乡间的小路上

小雨,斜着飘下来。人,拥挤在村口的小便利店里,哄抢着鲜艳的塑料雨衣。我们在交错的小巷里乱窜,完全摸不着头脑,只能紧紧跟着轻车熟路的二姨和二姨父。

推开木门,就到了。我的房间在二楼,一扇小门通着亭子,通风透气,还有淡淡的纯天然猪圈的膘气。

清早扯着两条大狗晃荡晃荡地出门撒野。一松掉脖子上的圈,刚刚还文静优雅的狗就彻底现出了原形,撒开腿狂奔,肥肉波涛般带着频率地抖动,从下面露出的腱子肉勉强拉回一点气势。踏着烂泥踩着枯草向前,说不上名字的鸟躲在林子里应和着。雾气很重,远处的山被一团白色和墨蓝混合出的厚重包围着,只能看出个大概。田间的沟壑中淌着清水,狗冲进去,蹦跶着撒欢,撩起的水花溅得到处都是,自己还跟没事人一样在我身上一顿乱蹭。于是,裤子就湿乎乎一片了。

在烂泥里走路,真是一步一个脚印。球鞋的白边染成了褐色,二姨却踩着雨鞋嘚瑟地在浅水里健步如飞。狗边走边嗅边啃边尿

123

边拉,放肆得不得了。绿色带刺的植物牢牢勾住它们飘逸的毛发,再配上满腿的泥,它俩简直就是土狗。

枫叶还没有变红,半绿半黄地就掉在地上,铺了厚厚一层,走上去很有弹性。几个大人兴致勃勃地围着道边的花花草草交谈着,都是些听不懂记不住的名字。我只能统称为"植物"。蛛网上盛着露水,叶片也是格外的油光透亮,一切都似乎敷了层水膜。雨后的树林有种说不上来的气味在悄悄弥漫,像是置身于古老的中药铺。

两个老人端着饭碗从屋里探出脑袋,女主人一瞧见我们手里拽着的狗,立马慌张地把自家的鸡赶走,嘴里念叨着:咬了我的鸡是要赔钱的哦。连成片的房子大多荒废了,墙体不可避免地浸入了因生活而带来的油烟。满是灰尘的院子里,杂草已经触到了围墙的高度。没有人了。听说那两个老人是树林背后最后的坚守者。

一回头,老人还在那。警惕的目光牢牢锁定我的狗,她的鸡。

南屏山居

　　周末的清晨，四辆车排着队，悠悠地行驶。十二点多，五家人提着纸箱拎着酒，从写生的画板中蹚过。师傅的"儿子"疯得颠颠的，翘着屁股，凸凸的眼睛又惊恐又好奇地打探着。皖南的空气潮湿、清凉。皱巴巴的老头子拽着脚步，迟缓的牛踩在泥里，另一个大叔叼着烟头挽着裤脚蹲在田边的石头上，抬起眼无精打采地瞄我一眼。

　　摸着疙疙瘩瘩的砖墙，钻出七拐八绕的小巷。自在疯长的蓬乱植物堵住了视线，从根到尖都流露出一种自生自灭的气质。碎石块凌乱丢出的小路，边走边提防着崴脚。前方的田里飘来阵阵止不住的笑声，在宁静中晕开，让人不自觉地朝着她们的方向加快步子。

　　土地被隔成块状，供养着高高矮矮的茎秆，有宽宽窄窄的绿叶片。边角旮旯栽上了各色的月季，有淡淡的优雅和恬静。一转眼，吉娃娃已经融入了当地氛围，毫不在乎满头满脸的土渣，哼唧着刨着坑。高高的篱栏从中切割出一片空间，木桌上摆着刚摘的野花，低矮的葡萄藤一腔痴心地攀爬着篱栏。松软到有点欠踩的土壤泛着泥味,坐在凳上,喝一口饮料,看一眼青山。低头一看,美丽的鞋上全是吉娃娃刨出的土。

闲闲散散地从田里晃回来,烧烤炉已经在院里支好。火从炉架里乱蹿乱冒,鸡翅肉排,土豆藕片,成盘地堆在一边,从旁边遛过的人都免不了望眼欲穿地抛一个眼神。二姐夫挽起袖子,捋了捋小辫,开始往嗞嗞的鸡翅上刷油抹料。鸡翅刚下炉子,大家就饥不择食地伸出手,顾不上签子还滚烫。腌过的鸡翅咸香适中,抖一小把暗红色的自磨辣椒粉,让人克制不住。刚把盘子清空,深褐色的肉排滚着热气,带着一点血丝,引来了"狼群"。鸡翅还没咽干净,又拼死拼活地塞起了大肉。二姐家的狼孩两腿叉开,脖子往前探,一个劲地抠着戳着骨头上的小窝窝。她哑吧着嘴,望着盘里仅剩的一小块,贪婪地痴笑几下。啤酒启开了一排,酸梅汤橙汁石榴汁椰汁拢了一桌子。嘴油得发光,一口啤酒一口肉,一口大馍一口藕。天已经暗下来了,整个院子只有炭火在闪烁。

嚣张的大个蚊虫渐渐上来了,为了几片薄藕我依然坚守在院中,女人们端着茶和水果转移到室内去逍遥。就着几片藕,又莫其妙吃下一片馍。二姨父从英式乡村面包炉里捧出大火烤制一晚上的纯正面包,小心翼翼的表情就像在捧着自己的孩子。松软的面包迅速被揪得七零八落,二姨拿出自家做的桑葚酱招呼大家品尝,涂在面包上的销魂味道让我产生了还没吃晚饭的错觉。晚上十点,开了一上午车的男人们打着饱嗝纷纷爬上了床,洗完澡的女人们贴着恐怖的面膜,跷着脚丫在二楼的沙发上开起了毫无形象的闲聊会。

第二天清晨，我在鸡蛋饼和稀饭的香气中幸福地醒来。吃吃早饭喝喝茶，一行人牵着两条大狗，背着弓箭拎着靶在村子里寻找合适的地点。两只狗一松脖圈就翻滚在泥塘里，水淋淋地出浴后又钻树丛挂了一身苍耳。二姐夫和二姐忙前忙后地调整靶位，好不容易选好了一片空旷开阔的无人草地。二姐夫拎起装满仪器的复合弓，双手举过头顶慢慢分开，细胳膊上的肌肉一顿乱颤，一脸决绝地背过脸来。十环。二姐的女儿也不甘示弱地拉她的竞技弓，伴随着大幅度的摇摆，铝箭笔直地飞向树林的深处。二姐夫五味杂陈地看了一眼。男人们按捺不住，争抢着拿起弓，嘴斜眼歪脸抽抽，有模有样地玩了起来。我拿起较轻的竞技弓，在二姐夫手把手的辅导下艰难地拉拽，大臂肌肉一阵酸痛。师傅晃悠过来，掂了掂复合弓，灰头土脸地陪"儿子"玩耍去了。

飞猫乡舍

清早的扬州乡村,空气里带着湿度。朴素的住家随意地晾晒着鞋和毛巾。大院的转角处,翠绿的枝条弯弯曲曲地盘旋着,抑制不住地探出半个身体。随着这样带有嗫瑟性质的指示,我们踏进了大院。

身边的花痴被戳中了兴奋点,端着相机杀进去,冲着园子里赞叹着,惊呼着。女主人淡定地站在一旁,一抹暗爽的笑容在嘴角闪烁。分不清品种的我在花园的小径里兜着圈。两只狗欢快地追逐奔窜,相互撕咬,嗷嗷乱叫。其余几只优雅地漫步在花丛间,卧爬在阴凉地。满园的花并不凌乱,它们簇拥在一起,不强势地绽放,安静地制造着美好。没有刻意,每朵花好像就应该生长在那里。

我挨个打量着花,眼神向远处一瞟。然后,我炸了。在花丛的包围掩护下,篮球架英姿飒爽地挺立着,在我眼里,这才是花园的精华。早有准备的我抱着球就颠颠地跑了过去。

水泥球场不大,适合三四个人半场。篮球砸在篮板上毫无规则地乱弹,在花丛里横冲直撞,轰下一地的花瓣。招呼来二姨父和老爸,我和女主人家儿子开始了少年对中老年的欺压。二姨父盘踞内线,穿着布鞋,在少年的防守下无奈地连续假动作,眼神似小仓鼠般迷茫无助。好不容易找到传球的机会,脚底一滑,黑色的老布鞋哧溜而去,雪白的袜子尴尬地暴露在我们的视线里。他踮着脚,颠着步子去追布鞋,一脸惋惜地查看煞白的脚底板。接到球的老爸不敢靠近,看着飞扑上来的少年们,仓皇出手。球干脆地砸到筐沿上,弹进后方菜地的泥里。老爸小跑着去捡球。女主人儿子拿球,面对二姨父似有似无、不堪一击的防守轻松突破到篮下。老爸赶紧协防,在两堵肉墙的压迫下,少年及时分球,空位的我扬手命中。中老年人的脸上,黯然失色。

下午,阳光渐渐弱了下去,我又晃到了球场上,随意地投篮。球四处乱飞,伤及无辜。看着散落的花瓣,一开始还觉得可惜,后来想想,能被篮球砸掉也是一种幸福的结局。球掉进小河里,我趴在石头上用腿去夹。球滚进草坪,我和狗同时冲过去。球摔进树丛,飘出一股薄荷的清香。经过上午的摧残,已经不愿碰球的二姨父此刻正和二姨挤在秋千上谈恋爱。牵着小手,说说笑笑,晃晃悠悠。

花园不声不响地占据着公路旁的土地。花草不争不抢地各自绚烂各自精彩。人们不急不躁地沉醉在这片小天地。

自信是怎样丢失的

英语入门阶段有四门课程,口语、听力、词汇和语法。对我来讲最丧心病狂的,是听力。听力和口语课程比较少,听力更是到第二周才有课。课间,一个桃红色冲锋衣的小身材背着包抱着音响挤开门。正在聊天的我扫了一眼,哦,新来的同学啊。她一个人在地上捣鼓捣鼓,连好电脑和音响:"同学们好,我是你们的听力老师。"哎?前十分钟我一直沉浸在这老师到底有多大这个问题里,直到第一段听力汹涌而来。没有过长的开场白,她直接端起重武器扫射我们的自信,像是被狗啃烂了心,想戳瞎双眼,想捣聋双耳,想去死。放听力,我听不懂。问问题,我不会。这样反复几下,什么自信,通通荡然无存,随风而逝。脑中只有一个坚定的声音:我是傻子。"那我们现在来休息一下吧。"听到这样的话总算是欣慰了一下,和同桌对视一下纷纷趴下整理凌乱的思绪。"哎,别趴下啊,这些单词还要记下来呢。"冯老师一边手速飞快地写着生词,一边回头,不可思议地看着我。"不是休息吗?""这不是休息吗?"反问的销魂小语气让我愣住,让我羞愧,让我颤抖,让我无地自容。"是我太懒还是我们对休息的定义不一样?"脑中,又袭来第二波自我怀疑。

两个小时,煎熬。她抱着音箱走出教室,留下身后一片死寂。没有心情聊天了。我被刚才的每一段听力从头到脚地鄙视着。这种颓废甚至吓到了推门进入的助教。了解了原因后,她立刻一脸"我懂了"的微笑,开始假模假样地安慰我们。晚上回家,身心俱疲啊!家长群里突然传来听力作业,不是一段,居然是个文件夹。按要求,是逐句地把对话听写下来,时长大概两三分钟。两个多小时后,我才听完第一段。那种感觉又来了。第二周上课,向冯老师抱怨,她一顿鼓励,可我怎么觉得实际意义是,别给我叨叨,赶快做作业!

往后的听力课基本重复着这个套路。除了学习的话题,我们和她没有太多交流,对她的定义基本都是,好正经好认真的人啊。上她的课也格外的文静乖巧,作业绝对按时按量,态度之好一度引起其他老师的嫉妒。直到有一天,实在受不住我们折腾的词汇老师请教她如何让我们好好听课,对她心存敬畏。据说,冯老师淡定地泄露了天机:"啊,那简单,给他们布置好难的作业,上课听他们不懂的听力,他们自然就会乖乖的。"说完嘴角一抹邪恶的微笑。词汇老师若有所悟。

经过长期密集的打击摧残,我终于长了点出息,至少能大概听懂演讲内容了。每当做对一道题,总要相互之间嘚瑟。"我怎么这么牛呢。真题都能做对!""不是真题,是真题 0.7 的难度。"她依旧活在她一丝不苟的世界里。

身心俱疲

攥紧身份证，我瘸着右腿走出阴郁的木地板教室。考场外，一个虎背熊腰的大汉蜷缩在单薄的木椅上，小口小口地，麻木地咀嚼着小面包。他望了我一眼，生无别恋。

八点不到，科大东区的第二教学楼前，爸爸妈妈爷爷奶奶们殷切盼望的目光就把门厅弄得格外燥热。机械地走完流程，我坐在了狭窄的 F3 座位上。四面的围板不算高，却恰到好处地锁死了我的视线，唯一能看到的，是墙上挂钟的秒针一丝一格地移动。不断有考生踏着沉重的步子进门，压抑紧张的气息从脚下的木地板缝里窜出来。我小声地咳了咳，挺了挺背。透过隔板下面的空隙，我看见隔壁女生，抖得像筛子一样的小腿。

考试的界面弹出，反倒没有了多少紧张。一切都照常进行，猜不透的单词、听不懂的听力也早已成了习惯的一部分。在木制的板凳上坐了两个多小时，自觉得屁股上都卡出了痕迹，膝盖也因为长时间的憋屈而酸痛发麻。我略微抬起屁股扭了扭，腿往走廊上伸了伸，尽量保持着动作的隐蔽和轻柔，生怕招来监考员的盘查。

　　休息的十分钟,在气氛低沉的人山人海中艰难找到水杯,润了润如同咯痰的烟嗓,又怕破音又怕尿急。再次决绝地走进考场,萎缩在木椅上,看着不稳定的显示屏一会蓝一会绿。在隔板的遮挡下,我毫无顾忌地开始放肆飙口语,在封闭的狭小空间里抛弃了最后一丝羞涩和矜持。噼里啪啦地忘我飞扬,破旧的键盘在我指尖下焕发青春与活力。

　　从八点一直熬到快下午一点,终于提交成功。走出考场,又被候在楼下的爸爸妈妈爷爷奶奶们询问的眼神问候了个遍。我欢快地扑向我的爸爸和他手里的旺仔牛奶。回家的路上,我用牙齿反复踩躏着吸管,发泄着解脱后的爽快和激动。我能上七十分。心里这样想着,口腔里都是幸福的味道。

　　十天之后,脑子里只留下了那场考试的惨无人道和座位的狭窄别扭,对于每一分每道题的细节已经模糊不清,那份不知哪来的确信也已随风而逝。成绩已经公布了。走在回家的天桥上,我心神不宁地吮着冰棍。拖着脚步,我做着看似徒劳的自我安慰。但越是安慰,越有几丝不祥的预感嗖嗖地窜出来。一道回家的同学被我的低气压感染,罕见地沉默寡言起来,走几步,就斜着白眼瞅一瞅我的脸色。

　　推开家门前,已经得知分数的老妈毫无表情地在看着我。我毛骨悚然。我握着筷子,在菜里漫无目的地乱戳。我一次次按住内心不断乱冒乱撞的冲动,努力地沉住气,等着她开口。"你自己猜猜多少分?"老妈依旧是闲聊的口气。"七十二。"我战战兢兢,犹犹豫豫。她的嘴角终于藏不住笑意。"大胆一点嘛。八十一。"嗡!我被迎面而来的巨大幸福砸得快哭出来。

　　哎呀。英语真可爱。我爱背单词。

东南亚旅行日志

Southeast Asia
Travel Journal

东南亚，混杂着各路地域风情的英语，荟萃着冲鼻香料和鲜嫩食材，坐拥着绵绵青山和悠闲的海岸。淳朴的人们在繁华中仍坚守着一方净土，他们把美妙都藏在深处，等着你的探寻，期盼着你的惊讶。

　　终于着陆，立马在机舱里脱脱脱。只剩一件短袖。

　　滋润地在房间里蓄了一上午精神，省掉了早餐，来清迈的第一顿就成了午饭。喺喺地吸着椰壳里透明的汁水，用铁勺刮下清香软弹的椰肉，叉子挑起青木瓜，饭上淋上咖喱软壳蟹。

　　从吃介入清迈。

重逢的"情人"

　　飞机由于晚点,凌晨才正式抵达。极度的困倦再加上亚航狭窄座位造成的浑身酸痛,一挨到床,秒睡。

　　省略了早饭,几个小时后,直接跟着小灰阿姨两口子坐在了"黑森林"里。女人们聊着行程,男人们喝着啤酒闲扯,我捧着椰子边喝边四处打量。这家的泰国菜口味偏淡,没有浓重的香皂味,适合土生土长的中国胃。左一筷子右一筷子,我忙碌地对付着不停端上的菜碟,有两个人却越聊越激动越聊越大声,像是嘴被胶布粘住一个月后撕开的快感,像是在鸟语星球遇到唯一的汉语同胞后的按捺不住,像是十六岁少女砰砰砰的春心萌动。两个四十多岁的男人在毫无征兆的情况下迅速从相互客套坠入一起回忆愤青年华的地步。"哎哟你讲得太对了! 来来来干杯!""嗯! 说得好! 好哇好哇!"在其他三个人诧异的目光包围中,他们激动得脸色泛红,笑得肉和褶子叠在一起。从国际争端聊到国内形势,从愤青年华讲到成熟当下,啤酒一次一次的 one more please(再来一瓶)。喝到尿意泛滥,频频起身释放。从洗手间出来都是加快步伐,满面春风地赶回,还没坐下又续上话题。

作为家属,三人均表示没见过这种集体失控的混乱场面。没有经验的我们只好不打扰,闷头吃吃吃,喝喝喝。吃得都外漾了,该聊好了吧?没有,还在兴头上。再吃光几碟甜点,该说累了吧?没有,两双眼睛都炯炯有神,目不转睛地凝视彼此,连夹菜的时候都不忍移开目光。每说一句都表示赞同,每个经历都似乎雷同,就差没相拥入怀了。

没完没了,把持不住,笑得乱颤。"社交饥渴。"最终受不了的我翻着大白眼对我爸今天的失控下了定义。他俩对视着傻笑一下。

只好强行地把无法收敛的两个人绑回各自车中。坐在车里,我喜滋滋的爹用手摩挲着大腿。"不错!不错!"

三十六岁的吃货——象女子

象夫的车准点到达,颠簸着继续接客人。一路昏睡,醒来的时候已经身处大山深处。迷迷怔怔地跟着泰国小哥往里走,一声沉闷凶残的吼叫毫无征兆地从下方窜上来。挑着眉毛向下看,纷繁的绿叶把山底遮得彻底,一股朦胧的恐惧罩在脸上。受了惊吓。

十几头大象居然没什么膻味。我局促地站在中央,一时间无法处理来自四面八方的压迫感。猛回头,一条长鼻子赫然出现在我眼前。鼻孔一阔一缩地律动,滴着黏嗒嗒的液体。沿着鼻子瞧向它的脸,无法形容的长相再配上满头避雷针状的硬毛,很难欣赏。不约不约我们不约。

十几分钟后,怀抱香蕉的我以惊人的速度融入这片遍地是粪的土地,毫不嫌弃地用手调戏着她的舌头。在象夫的指挥下,顺利蹭上了三十六岁象女子的背,视死如归地被她载出了象园。膝盖抵在她耳后,屁股恰好坐在她的骨头上。应着她的步伐,我边抓紧绳子边来回半边半边地抬着屁股。本来以为象皮是柔软那一类的,谁想到糙成这样。大腿就像挤在一团钢丝球里一样,有几根甚至感觉扎进了肉里。这位象女子一出大门就直奔果树,一门心思地从地上、树上,捡、拔、扯、拽着果子,刚才忸怩的神情丝毫不剩,变得野性十足,真汉子的气场直逼过来。我在上面忙着护脸护头,她自己吃得不亦乐乎。

差不多吃够了,她才悻悻地在象夫的口令下往山上走。陡峭的土坡很是狭窄,她却以一种魔鬼的步伐稳健地登了上来。象夫自顾自地跑去探路,象女子立马松懈下来,摇头晃脑地左顾右盼。我突然有了不好的预感。噌的一下,她再次把头埋藏进了树丛,忘情地扯着树干,掳走上面全部的叶片。为了吃,她甚至不惜代价地踩在了崖上,一副失控的状态。

兜转了一大圈,上午的体验结束了。简单的午饭后,象夫放了大招。我抓住象面部的凸起,右脚才刚刚搭在象鼻上,整个身体突然就被抬起。恐慌!我贴在象的脑门上不知所措。身体在下滑。出于本能,我悬在空中的脚一阵挥舞,艰难地寻找着力点。蹬、蹭、踹、爬,终于把身体移到了象背上,像只死苍蝇一样粘在她的皮上。据事后旁观者描述,我接下来的动作也堪称诡异。屁股一撅,上半身一耸,肉虫一样地来到了象尾,手掌出汗打滑,勉强翻身,在象夫的拉扯下顺着象腿着陆。脚心正中石子一枚,痛彻心扉。

这才是真的疯

接近中午，头昏脑涨的我们终于被车拉到了山林深处。"萨瓦迪卡！"黝黑皮肤的泰国小哥娘里娘气地打着招呼。正欲微笑回应，脑门上就被结结实实地套了个绿浴帽，又被劈头盖脸卡了个矿工帽。刚才还叽喳喧哗的人们在换上这套装备后纷纷静默了下来。一下子气势也弱了，乖乖地排成一溜儿跟着教练向更深处走。

第一道绳索不长，连接着正前方的中转点。绳下，是郁郁苍苍的丛林。两侧，是探出拦截的枝杈。腰间的锁链被固定好，半蹲着向下冲，双脚离开了踏实的地面。死死地扣住粗糙的绳条，身体在空中哗啦啦地飞驰。木制的平台在眼前越来越大，上面接应的教练示意抬腿，第一次，安全着陆！腰上的锁扣被移到了围着树干的栏杆上。每次飞撞来一个人，小平台都要摇摆摇摆，不太稳当的熊样。后面的索道越来越长，乍一瞧已不见终点。完全放肆的我彻底放开了手脚，在空中像打了鸡血的木偶人，癫狂得手舞足蹈，摆着匪夷所思的姿势，只为向还战战兢兢地蜷缩的女人们无耻地炫耀。

不像蹦极跳伞那样索小命式的刺激,滑行的过程是身心舒畅的,是愉悦的。当我的鞋底掠过成百的树冠,当我的手臂划过静谧的丛林空气,当我穿行在万物生灵之间,当她发自肺腑的号叫穿透绿叶的屏障,当他赞叹的怪叫直冲而上,当我舒展开身体感受那清风,那一瞬,我深切地体会到,这就是疯啊! 这才是疯啊!

在空中欠下的疯债,在土地上自然是要还的。跨越了三十几个中站也就意味着我们要徒步返回。在老树根旁,在浮土烂泥上,一行人艰难地迈着步伐,浓郁的臭汗味从浴帽下飘出,咣啷咣啷的声响从腰间穿来。虽说路程累计不到一千米,但持续的上坡,不时的打滑和令人绝望的闷热让人累得发蔫。

爬到了公路也就坐上了车。瘫在空荡的货车板上,一群人共享着混合的体香,像运一车猪肉一样,我们被拖回了起点。牛仔裤严实地黏在腿上,俨然成了累赘。

乘着风飞驰,疯疯就好,觉得还是要脚踏实地做人啊! 我也只有在累伤的状态下才会发出这样的感慨。

更加欣赏我自己

　　坐拥能干的爹娘，不进厨房，是幸福的烦恼。来泰国已有五六天，对泰菜的印象正在逐步改善。在没有太浓香皂味的情况下，又常有大块的无骨鸡肉和大量蘑菇，那真是正中下怀。

　　农场的接待员先把一车人拉到了当地的菜场，一下车，立刻感觉自己掉进了香皂的世界。颜色质地不同的大米以筐为单位依次排开，泰国大姐用流利的香皂英语叽里呱啦地介绍。深浅各异的瓶瓶罐罐被整齐地码在一起，细碎的香料包在塑料袋中悬挂在头顶。这摊上成山的炸猪皮，那铺里泛滥着形状诡异的当季鲜果，转了大约半小时，采购员才备好了食材。

　　车从城区驶往郊外，眼前的建筑越来越低矮，最后已经是片片的田地和茅棚平房。

　　顶着草帽，在果园菜地里游荡一圈，不停接过热情大姐随手扯下的漾着纯正土气的各类果蔬。游览后，顺着小路走进了厨房区，开始了正题。桌上，一个石臼，一把料，停不下来的击打模式。眼神发直地死盯着，右手如痴如醉地碾压着，勾人的气味随着每次捶打直向上翻滚。红辣椒渐渐变小变黏,化成了一碗充满食欲的红泥,那色泽那香味,让我想跑出去买个大馍。跟着导游的动作,切好的一盘佐物和红艳艳的咖喱被考究地倒进锅子。腾腾的热浪,蹿跳的火苗,在木勺的轻柔搅拌下,锅里的货慢慢地融合,越发的浓郁,颜色也在椰奶的浸泡后变得柔和起来。蔬菜和红咖喱在我一双帅手的操作下从锅中淌入公鸡碗,性感撩人地躺在灶台上四处放电。

午饭,面前垛着两大盘。一盘咖喱,一盘刚炒的豆角鸡肉。扒得干净,吃得彻底。每塞一勺,对自己的爱慕就平添几分。

早上在摇晃的车中,曾经被这菜名卡住几秒。Spring roll,春天翻滚吗?春卷叫这名还真有格调。各种切切切砍砍砍剁剁剁,块状的食材均成了渣形。和类似粉丝的东西一起翻炒,动作太慢导致不幸地粘锅,泪眼婆娑地拿着锅铲奋力地捣鼓。做好了馅,卷的步骤对于钟情于羊汤烙馍的我来说简直是分分钟的事。双手各握一个饱满的春卷,成就感十足地丢进了油锅。

吃吃做做,做做吃吃。抖着酸酸的手臂,嗯,还好有能干的爹娘。

寻寻觅觅

"Sunday nightmarket.（周日夜市）"这几天遇着的司机大叔和酒店小哥都满脸自豪地推荐着。但前几天的夜市总给我一股浓烈的城隍庙气息，廉价的纪念 T 恤，卖不完的人字拖和假球衣，完全是两种极端的评价。

周日住的酒店恰好就在最闹腾的夜市旁，还没到傍晚，商贩们都提着麻袋大包大包地张罗起来。街道两旁摊位一家连着一家，每隔几步，道正中都会出现一支席地而坐的乐队，或边弹琴边摇头晃脑的陶醉少年，他们柔美或狂野的音乐也渲染着气氛。

人，很多。走了一会，才突然发现自己在逆人流而行。只能用肩去在人堆里强行开辟道路，速度缓慢正好可以仔细浏览。没有推搡争执，但所有人无法避免地贴面行走。遇到熊一样健壮的欧美大个，脸正对着他的胳肢窝；碰到浓缩版的本地大叔，他凋零脱落的头发便一览无余。

走啊逛啊，躲闪着人们手里的烤串，保护着自己的脚后跟。泰国的炎热再加上夜市的拥挤，养眼的美鞋没有几双，人字拖倒是遍地。突然,一双妖艳婀娜的 vans 发着光出现了,立刻猎狗一样直线奔去。那是一家卖贴纸的小摊,各式各样杂乱地混在一起。扒拉扒拉,翻找翻找,我撅着屁股,两手上下翻飞在里面寻找我的小可爱们。一个、两个、三个。我霸占了整个摊位。贪心的我举着手里的六七个,问摊主:"Anything else about shoes?(还有其他跟球鞋相关的吗?)"摊主一脸震惊与佩服地表示,你拿的就是全部了。

提着小袋,我愉悦地奔腾在夜里。啦!啦!啦……

松垮的大妈与紧实的竹筒饭

　　抛弃没日没夜学习的小伙伴来清迈"偷欢"已经六七天了。在街道上闲逛，在寺庙里转悠，华贵恢宏构成的震撼敌不过本地人悠然自得的心态散发出的宁静氛围。

　　蜇人的毒光还没洒向众生，车不慌不忙地驶出城区。烧山造成的烟雾把远远的山笼罩得发蓝发紫，有一种阴森森的神秘。汪汪的稻田里，绿苗苗根根排排地挺着，后颈搭着湿毛巾的老大妈坐在一旁不知在想什么。圣白的鹭鸶气定神闲地支在磐石一般的老牛背上，牛鼻上没有绳套，鹭鸶的脚踝上没有圈环。车靠在了路边。一下车，烧火发出的热浪卷着呛人的烟直扑过来。三个松松垮垮的老太太坐在棚下，一个烧，两个劈。透绿的竹筒里塞好了拌好的椰浆米饭，两头堵着茅草一样的东西。从头蒙到脚的烧烤大妈从篮子里一捆一捆地提起竹筒，胳膊一甩，扔进蹿跳的火苗里。竹筒烤好，身上已经是黢黑。随手抛到劈竹大娘的篮里，大娘接过来利索地咔咔几刀子，砍掉脏的外皮，又甩到对面大妈的筐中。最后一道工序，又剥掉一层。没有交流，只有火堆里噼啪的炸裂声。

粗暴地扯了几下,糯白的米饭才露出来。黏软的米粒在烘烤后顺便勾下了竹衣,硬硬地结成膜,有点锅巴的意思。竹子自己的清香也深深钻进米的魂,随着外壳的剥落淡淡地荡出来。经过的本地人都拿起削好的竹筒,或站着或叉着腿坐在小板凳上,脸埋进竹筒里,嘴噘起探索着米粒,用门牙刮下任何一粒剩余。

吃干抹尽,随手一扔,丢下硬币,惬意而去。

感受缓慢

　　继续向前，从水泥大道开进了果园泥路，入侵了村人的天地。

　　黄狗，黑狗，棕狗。土狗小分队自由散漫地自己遛弯，夹着尾巴贼溜溜地挪向小铺，肚皮朝上放荡酣睡，一对一地龇牙咧嘴，爱干嘛干嘛。几间茅草屋破旧不堪，参天的古树抖得满地碎叶，也罩得一片清凉。越过遮遮掩掩的障碍，瞄到了野温泉。

　　水泥造的圆筒分散在小溪滩上，空气中弥散着硫磺的气味。溪水是流动的，冲击石块，砸出白花。水泥筒中的温度冷热不同，水位也有偏差。老人们坐那泡脚，年轻人直接沐浴在热水的包裹里。站在桶边一点一点往里哧溜，脚底触到浓鼻涕一样的底就稳不住了，烫得一哆嗦。坐在水里靠在壁上，双腿不自觉地上浮。水并不清澈，浑浑的，浮着从天而降的树叶，沉着扎根在此的石子泥沙。当地的人们裹着一块布就进了水，一人一坑的占位法则让所有人都能舒展开来。在热水里泡着，漫无目的地扫视着他们的世界，不由自主地发起呆，缓慢了，沉静了。旁边筒里的大叔突然哗啦啦地站起来，也不擦一下就一路滴着水走进小溪里，猛地躺在冰凉透心的溪水里,一会,又滴滴答答地坐回桶中。跟着从水里抽离,缓和的风吹在湿透的身上,小心地踩着碎石往溪里走。水刚刚冲刷脚踝,就感到彻骨的寒意。水很浅,坐下来也才勉强到小腹,能在大热天里冻得发颤也算是一种享受。撑着水底的石块,哆哆嗦嗦站了起来,冰冻般的水划过已经渐渐发热的皮肤,是很酸爽的抚摸。等我爬上岸,带着满身鸡皮疙瘩逃回我的水泥筒,又有几个老人结伴而来。在岸边麻利地自遮自脱,抄着洗发水就趟进水里,慢悠悠地聊着天,笑着,揉搓着。

这也是生活。满头的泡沫更衬出黝黑苍老的躯体,他们贪恋着天然的馈赠,好像只有这水,才能洗净脸上的沟壑。

和平年代的合肥"难民"

避开午后犀利的灼光,一群人窝藏在咖啡馆里偷闲。粗制的红伞在阳光下石榴子一样通透诱人,头顶屋檐上探出的装置一刻不停地喷洒着细小的水丝,雾般的笼罩着周围,脸上蒙了一层水膜。单手端着草莓汁斜倚在靠椅上,既要享受没有阳光的阴凉又要静看树叶撕扯的点点光斑。

"哎呀!总算找到组织啦!"小日子正过得滋润中,突然闯进来四个灰头土脸的可怜人。忙站起来打招呼却察觉对方的焦点完全不在人身上。直勾勾的,火辣辣的,落在桌上的蛋糕上啊。按理说,在异国他乡相遇的人们应该先寒暄几句,他们却一副万分饥渴的表情,低沉的嗓音,"我饿……我们饿死了……要吃牛排……四季酒店……快……"在这个和平年代,也算是很少见。受辛酸氛围感染,我们抛下未动的椰子,直接赶往四季酒店。

刚下车,大人一边安抚着小侄子,一边迈开腿飞速地向有油烟的地方移动。小灰阿姨热情地为他们推荐:"能吃就行!"他们饿得发愣发蔫,已经失去了对品质的追求,任何的食物都能瞬间点燃他

159

们眼中熊熊的烈火。我又靠在了椅子上，捏起一块马卡龙，细细品味我的下午茶时光。左边，陶醉的花香阿姨身体前倾，吃空心菜，一筷子夹起一堆，吃米饭，直接往嘴里扒拉，全身心投入了这项事业。抱着饭筐的小姐彬彬有礼地走来，一直没说话的叔叔瞬间霸气侧漏："四勺子，给我来四勺子！"小姐指着两种颜色的米饭让他挑选。"都要都要！"等吃空了碗碟，一家人才恢复了元气，话也多了起来。

经历了多天苦难而饿缩的胃一下无法承受过多的食物负担，一直到晚上八点多，他们才略微吃了点晚餐。菜还没上齐，在泰国小城偶遇的合肥人民开始交流起在异国他乡的生存之道。又傲又娇的天朝胃终归不太习惯香料的冲鼻。"没关系，我们都带了！"豪迈的叔叔立刻从租的房车里抱来两个塑料袋，蓝白相间的咸菜坛子赫然暴露在清迈的空气中。拿掉盖子，用西餐的叉子扒出来自家乡的萝卜干，淡黄的长条形在餐桌上耀眼夺目。叔叔继续向外掏，麻油、醋、牛肉酱一一呈现在了木桌上。依次滴入调料，拿起叉子翻滚着萝卜干，立刻，它们都裹上了油油的一层。

当感人的霸道家乡味充满口腔时，这里就是个土菜馆，就是合肥人的主场。

四勺子！再来四勺子……

自助 BBQ　饮酒来作乐

烤炉,被抬到了亭边,炭火,已经点燃升腾着热气。山里的气温更易降低,旅馆的猫在火边徘徊,贪婪地窝在桌边,小眼神瞟向插好竹签的肉串,图谋不轨。

趁着还有阳光,烧烤要尽快开始。腌好的肉块和蔬菜一起被摆上架,嗞啦嗞啦地溅着火星。在炉边站一会,身上就燥热起来,急迫地渴望冰红酒的降温。开阔的视野,翻滚的牛肉,跳动的烛光,人不知不觉地嗨(high)了。猫识货,来得越来越多,堵塞在桌子前。拿起沙拉里的洋葱挑逗一只,这货居然"鸟"都不"鸟",丢了自尊的我,随手把洋葱圈拍在它头上,它立刻呆鸡般地卡壳,保持着卧倒的姿势。火烧得旺,肉焦后流露的香气渐渐显露,烟,绕在头顶散不去。

左手,提着串自己烤的鸡肉;右手,随意地摆弄着吱吱冒油的串串。有一个健壮的胃就是有任性的资本。一口玉米一口肉,一口辣酱一口酒。迷醉在空气中,发自内心地摇摆摇摆、摇摆摇摆,西瓜都吃出了辣条味。

小西红柿在炙烤下炸裂干瘪；玉米在热烘下硬了外壳；蜷曲的虾从青黑转成橙红，奔放的肉也从背部的裂口里挤出来。边吃边烤，脸被熏热，嘴被塞满。用吃剩的竹签串起空心菜狂烤，用红酒浇淋未熟的牛肉，用辣酱涂抹玉米再回炉重造。在深山的草坪上，我原地升华为黑暗料理神人，释放着不知哪来的激情。

光黯淡了，夜浓郁了。微弱的烛光支撑着黑暗中的气氛，引来的小虫争先恐后地登陆碗碟，一阵手忙脚乱地驱赶。猫还蹲在脚边，可怜兮兮地小声乞讨。炭火奄奄一息地挣扎着，烤架已经空空，肚子已经饱饱。

肉没了，化作嘴角的油。烟散了，哼的歌越来越响。

深山里的仙境

躺在深棕色的木板上,看着头顶从竹竿缝隙中透出的亮光,罪恶的飞虫在眼前打转。正对脚心的是块浅浅的草坪,参差不齐,秃的地方还露着稀烂的泥土。周围树的枝杈被阳光映在了草中,还有飘落的枯叶点缀。几棵巨大的树,杵在对面,几条粗壮的藤蔓交织卷曲着向上延伸。附带的宽阔叶片呈现出不一样的光泽,像遮羞布一般,掩盖着被攀爬得面目全非的苍劲树干。橘色的秋千悬在空中,已经发黄的粗绳连接着它和古树。鲜亮的橘色在一丛翠绿植被的映衬下很是出彩,在阳光照射下闪耀着金属光泽。一旁,两棵低矮小树共同撑起白色的吊床,细细密密的网格在微风里慢慢地摇荡。

气场阴郁的座椅安置在阴影中。老木头的椅面点着霉斑,被来来往往的屁股磨得光滑锃亮。地上的陶土盆里,星星点点的粉红碎花拥在一起,向外绽放。以不同的方式,它们蓬勃生长。不远的餐厅里,乡村民谣混着溪水奔腾的欢快,相互应和着,蓝天下的一切都在律动。

草地的边缘,插着几根竹竿以示界限。杆上系着撞色的布条,飞舞着,抽搐着。围栏之外,就是田。反光的塑料膜笼盖着新生的力量,宽广的土地中,到处是腾腾的生机。

这是我歪着脑袋就能领略的无敌清新。同躺在绿荫遮蔽下的姐姐们已沉沦其中,睡得四仰八叉,一翻身,腰间的肉肉轻而易举地夺衣而出。

沿着石子路,兜转回房间推开吱呀作响的阴潮木门,水声瞬间放大几倍。套房里的露天浴池放满了热水,荡着几片刚掉下的新鲜叶片。换了衣服迅速闷进去,直接没到脖子。圆形的浴缸,宽度正好够我伸开腿。水顺着对劈的竹子缓缓地流进浴缸,把脚对准水的源头为浴缸过滤,微凉的水蹿上了脚底,断片般的爽快。树的叶毫无征兆地飘到水里,顺着波动的水纹向我靠近。正对面,蓬乱的绿植疯狂地生长在倾斜的山体上,层次深浅不一的绿,乱码一样无章排布。

我晃着,摇着。水荡着,溢着。树绿着,摆着。天蓝着,静着。时光消磨着……

一座城的味

夜市里的小铺上，餐馆的吧台前，菜场果农的榨汁机边，排排的塑料杯整齐地码在碎冰里，切皮洗净的水果在杯里赤身裸体地相拥。香蕉，是黏稠的白。草莓，是浓郁的鲜红。百香果，是悬浮着颗粒的酸甜。榨汁机肆意搜刮着水果身上的精华，汇成最天然的野味。店家从箱中桶中夹出冰块，随意地撂进去，激起杯中一阵骚动。

青色的椰壳被粗暴地割开一口，富足的汁水随时准备外漾。清甜的椰汁汪汪的一大摊，滋养着紧贴椰壳的乳白果肉。快速吸干，抄起勺子一阵挖舀掏抠。蹩着手腕，拧着胳膊，只为铲下一块软弹椰肉。手掌被无情的铁勺硌出勺把的红痕，只为贪图那一口香甜。

黄，橙，金，一只醉在咖喱里的肥蟹款款走来。拎起蟹钳，先要进行一次全方位的吮吸。啧！啧！啧！咖喱的浓郁和蟹的鲜被我一并吸进嘴里，还没咬到肉就已经销魂、满足。壳，碎成一块块地粘黏在肉上，小心地拔，耐心地剥。蟹钳终于裸露躯体，随着我激动的双手震动颤抖。一口包上去，再缓缓退出中间的隔断。奇妙的蟹肉用门牙轻轻一碰,就自己散成一缕一缕,碎在舌头上,瘫在牙尖上。刮下的咖喱,拌饭,极佳。

吃惯了点点大的小河虾,猛见到一掌长的大虾,免不了一挑眉。可连盘粉丝里都遮遮掩掩地窝藏着两枚大虾,是不是太任性了些?一坨大虾,蜷曲着肉感的身体,畏缩着,以为自己很纤细。壳上带着粒粒胡椒,看着就有味。剥开来,白红条的肉,一口吞,胡椒的鲜味渗入虾身。

一只纯肉食的动物,很难爱上一种绿叶菜,平时的青菜要靠逼靠吼才会勉强吞咽两筷子。但空心菜真是好吃到癫狂!泡在褐色汁水中的绿色菜叶柔软入味,菜秆嚼劲十足,没有青菜的大叶片带来的压迫感,让人心生怜爱。咂巴咂巴,感觉有点肉味。

鱼排割成一块块的,架在鱼骨上,再撒上炸成金黄的姜丝,亮闪闪的令人食欲十足。鱼皮连着炸出的壳,酥脆咸香,包裹下的肉是鲜嫩的、白白的,露着点黑血丝。炸好的姜丝和罗勒叶出人意料的好吃,不冲口的香味每嚼一口就绽放一次,看着满园各色的花,嚼啊嚼啊,不自觉地又拿起一块鱼。

在清迈游玩的时间不算太长,却在小灰的大旗指挥下赶上了路边大妈刚从火堆里掏出的竹筒饭,和本地人一起扎堆吃着硕大的生猛海鲜,尝到了街边牛肉面的清爽。上山下乡,没有小灰探索不到的犄角旮旯。一座城的味还是藏在街头巷尾,在大妈的铁锅里,在小哥的烤炉上。

　　刚来到这个陌生的小城，太多的莫名其妙。 因为赶时间强穿马路，被迫急刹的三轮车大叔居然笑嘻嘻地对我说"你好"，完了还一副求夸奖的表情。 到处瞎逛很少买门票，偶尔遇到个售票员，那缓慢慵懒的撕票动作让人瞬间想起蘸着吐沫上下翻飞的手指透露出的干练精明。 渐渐地，我们也慢下来了。 渐渐地，我貌似懂了点他们的节奏。

　　一杯茶，一下午。 一家店，一辈子。

吃货的水下世界

刚刚把头埋进水里，就被教练拖着向海的深处游动。海水很清澈，明明是深得不可触底却感觉一伸腿就能踢歪那些五颜六色、张牙舞爪的珊瑚。低头，只看见自己的蛙蹼不安分地挑动着浪，四周还有一群受了惊吓四处逃窜的鱼。

透过眼镜，我贪婪地打量这陌生的华美地带。看着看着，一颗按捺不住的吃货的心开始躁动。海肠在水中摆着长条，在我眼里却恰似一碗拉面，在珊瑚里乱窜的尼莫作为鲜嫩多汁的肉块出现，再淋上几滴醋或辣椒油都是顶顶的美味。偶尔，暗地里的海水来势汹汹，掀起那来回挥舞的长毛，珊瑚羞涩地暴露着长毛下粉嫩的肉坨。顿时觉得自己泡在一盆大大的肉疙瘩汤里，周围的鱼都成了榨菜，幸福感疯狂地袭来。

翻过了几道浮标，口腔里已经充斥着海水的咸腥味，从身旁掠过的鱼也越来越多，从开始的三三两两到后来的成群结队铺天盖地，完全没有警觉，一切都在无声无息地变化。继续向深处潜，看见一只肥硕的海龟在不慌不忙地摆动前行。教练突然扎了下去，双手按住龟壳,示意我摸一下。我毫不客气地在壳上抓了几把,滑滑的,像刷了一层鼻涕。

　　潜得越远,鱼的面相就渐渐凶恶了起来。有的鱼高贵冷艳,全身漆黑,尾巴却带着一道冷紫的光环。有的鱼无比惊悚,全身黑得冒烟,鳃却闪着银白金属光泽,一只没效果,但当一大片向你涌来时还是无法克制地瘆得慌,那就如同一排密密麻麻的剁椒鱼头。

深潜体验

费力地把厚实的潜水衣穿好,看着排在台子上的氧气瓶,突然就有了临阵慌乱的感觉。

戴上氧气瓶,想要站起来。运了几回气结果都是失败,好不容易屁股离座,整个人都向后翻,最后只能在教练的帮助下跌跌撞撞踏入水中。

把头闷在水里,用呼吸管呼气。伴着每次吸吐,大小不一的泡泡从嘴角喷出,顺着脸颊一路上浮,在水面消逝不见。这跟昨天浮潜的状况又完全不同。被教练拽着向深处潜,拨开层层鱼群到了水下。

从小一直说走进海底世界,最多也只是透过海洋馆的玻璃小心翼翼地窥探,当这一刻真的来临,兴奋溢于言表。在这里,人只能作为一个入侵者或是游览者。海平面下,奇异的生物遍地都是。各色的珊瑚上,生着长短粗细各异的海肠,随着海下的暗流左飘右拂,不禁想起家乐福门口用鼓风机吹起的长条,倍感亲切。鱼也不都结伴,经常遇见落单的鱼,多数都摆着一副臭脸,要不然就是长相太过凶残。

游不久，就瞧见一只海龟，定在礁石上，短手短脚极具肉感，翻着眼皮一脸不耐烦地瞅着我，背上几只小鱼在东啄西啃。大礁石的侧边同样趴着两只海龟。突然，沉默许久的教练大力地拍着我，歪头一看，一只小海龟很欢快地在我身边游动，短手一挥，就滑出很远。

珊瑚堆里，细长的蓝色海星到处都是。再潜，眼前的景象从有条不紊的繁忙变成了漫无边际的白沙。依然有海星趴在海底，却胖胖的圆圆的，一动不动，很敦实的一团肉。

由于过于心切，耳朵开始作痛，教练示意我做吞咽动作，但这时候口水都满满的腥咸味，咽下，直想干呕。没办法，只得捏住鼻子使劲地鼓气，渐渐适应了，就继续下潜，感觉捏出了鼻涕，糊在潜水镜里很不舒服。

再次下水，就是向着海水深的地方进发。

海不再能轻易见底，变得深不可测。海水的颜色也明显有了变化。深蓝，透着神秘刺激也带来未知的恐惧。没有鲜亮的鱼，偶尔游过的都是又大个又诡异的。直视前方，能看见无数细小的颗粒迎面而来，在深色的海水里格外明显。难道是鱼屎？我默默地猜测。

潜到深处，教练示意上浮。头一冒出来下意识地去抓岸边的扶手，却万分惊恐地发现自己前不着村后不着店地处在海的中央，环顾四周根本看不见我们住的屋子。更让人恐慌的是教练正在解我氧气瓶和充气衣的带子。大哥，刚刚不就在水下蹬了你一下吗，这么记仇啊。突然,他说话了:"Can you swim?(你会游泳吗?)"
"Yes...but...(会……但是……)"又是话在嘴边,被无情地推了出
去,当年蹦极的感觉又浮现了。凭着强烈的求胜欲望,我顺利爬上
了不远处的船。坐下来,很贱地说:"都不习惯直接呼吸了。"刚坐
几分钟又想跳进海里。

　　妈……你又带我走上了一条不归路……

奇幻漂流

　　划着小舢板,在海面上晃晃悠悠,船桨撩起的水洒在衣服上,海风拂过,浑身清凉爽快。面对着无垠宽广的海和漫无边际的天,划划停停,耳边有海鸟的声音断断续续,有了奇幻漂流的感觉。划船是件极费力的事,一会,胳膊就有酸痛的感觉。船桨搁在腿上,脚浸在水里享受着难得的流水冲刷。水面平阔,不用特地避开什么。风大,没有动力的船无声无息地逐浪。船就静静缓缓地荡,好像飘在空中……

被 爹 坑

虽然我也知道在水下看不清的情况下照相是多么的辛酸与艰难,但当我看见老爸给我拍的照片,还是无法克制地惊呆了。看着处在显示屏最边缘的我无力地举着手指,想起拍照时他不停地叫我后退后退,脑子的供血都快跟不上了。

没有办法,只能让他重拍。在水下摆了半天造型,就是不见他来拍,我带着一颗几近崩溃的玻璃心把头抬出水面,看见老爸一脸卖萌的样子:"相机掉水里了哈。"噗……我的心在喷血。我一边犀利地瞪着他一边扒掉救生衣,把呼吸管和蛙蹼扔给他,扎下去找相机。一潜下去发现他的蛙蹼牢牢地把相机压在沙上,让我有了狗血淋头的快感。捞起相机,如此有情调的我顺手提了个海星上来。浮上来一边暗暗自夸一边踩着水穿救生衣。下一秒,他缓缓地说:"呵呵,蛙蹼和呼吸管掉进去了。"同时手里紧紧拽着那个无辜的海星。哇!你是在玩我的吧……我又潜下去,捞蛙蹼,然后拿着蛙蹼去找呼吸管,再也不敢给他什么东西了。上岸的时候暗自抹一把辛酸泪。真切地感觉到什么叫被爹坑。

177

中午,热辣的阳光毫无保留地直射着水面,水底的世界也因此换了番模样。水底的白沙上,嵌上一层持续波动的金色菱形格子。穿行的鱼,也在小小的身子上烙下了这抓不住的华服。但这些景象很快就消失了。

自从有了上次在水下的悲催经历,我那娇嫩的小心灵儿就蒙上了层阴影。刚下水,爸爸又提出要给我拍照。眼前一黑。但看着他那被潜水眼镜压迫得变了形的眼睛里流露出一种莫名的真诚和喜感,我忍着隐隐作痛的心虎着脸把相机递给了他。

他终于开窍了!第一次在屏幕上看见自己完整面孔的我在水底激动得想哭。然后一发不可收拾。半个小时,我们就在相机里留下各种卖萌犯二的婀娜到诡异的身段。

回头一看,自己都被吓得一抖。

仓皇马布岛

　　没想到特地挑选的日子居然是个雨天。刚进马布岛，就感觉来到了贫民窟，油然而生一种优越感。瞥见一个小孩，怀着一颗友好善良的心掏出一包"不二家"，瞬间，从各种地方窜出来几个小孩，有男有女，有的穿衣服，有的没穿衣服，一个个都摆着张苦脸，伸着黑黝黝的手"Hello！Hello！（你好！你好！）"要吃的。给小明一个，小红要哭了，给了小红一个，小刚又忧郁了……一边机械地给棒棒糖一边保持着惊恐的表情："哪来的哪来的……"凶残的小娃子们连抢带拽，整整一大包"不二家"啊！我在旁边脸都绿了，肺都炸了，脸上奔腾着雨水，那个悲凉。

　　好不容易远离这群极度饥渴的娃子，走了一会，看见两个文静的小女孩羞涩地对我笑，老妈再次友好地递去一包奥利奥，两娃子拿到手，甩开膀子转头就跑。姑娘！你的矜持呢？还没缓过来，又冲出来几个男孩，一路狂奔，和两个姑娘撕咬扭打还号叫，也就眨眼工夫，不打了，组团又冲过来打劫了。我和老妈站在那，吓得一愣一愣的，体会着什么叫脑子死机。

回到船上,满满的两大包已经空了,而我们只不过下船十分钟而已。回头看去,刚刚抢到最多东西的那个娃子坐在沙滩上,看着我们哭得好伤心。哼！熊孩子。

即将告别卡帕莱

这些天,小木屋的露台已经成了大家的心头好。

迫近中午,室外已经热浪滚滚,走在木头上都很烫脚。脸上的油、汗混着防晒霜覆在皮肤上,嗞啦嗞啦的。躺在露台的躺椅上,看着眼前的透明海水。抬头,就是蓝天白云;低头,会有海星游鱼。海风夹着湿气不间断地扑来,从早到晚,不停歇。

露台对面,是一条花廊,中间隔着一片海。这样的空间让人不由自主地放肆,四仰八叉的,各种妖娆各种走光。有种与自然合一的感觉。

五天,转眼即逝。四肢大敞地把自己摊在露台的躺椅上,眯着眼,每一寸肌肤都尽力吸吮着来自海的爽朗。

上午,最后一次浮潜。看着水底静静沉默的海星,像星河中跌落的肥星星,保持着最初的姿势,倚在珊瑚上,夹在礁石缝里。看着它们,就像看见了露台上的我。

方便面已经作为夜宵被一扫而光,零食大多在"Hello 岛"被劫下。天天吹海风泡海水,不敢想象只能吹空调的日子。

再见了卡帕莱（Kapalai）。不知道下次潜水是哪年哪月哪一天？

新西兰旅行日志

New Zealand
Travel Journal

· · · · · · · · · · · · · · · · · · · ·

　　这是我第一次踩在南半球的土
地上。异常寡淡的炸鱼，不得不要
"老干妈"前来救场。漫山遍野的
空旷地，牛羊比人还多。劈头盖脸
的暴雪突袭，在蓝得滴水的天空下
白压压地覆盖。领略着，感叹着，
震撼着……

老妈博客里的准备攻略总给我们已经玩完回来的错觉。

马上就好了，暑假去新西兰疯。这句话陪我度过了烦躁的备考阶段和高一预科，心里对这趟旅程早就有了千万种想象。我会见到羊驼吗？它会喷我口水吗？我会看到霍比特人的小房子吗？高空跳伞我会腿抖吗？蹦极的时候有人推我吗？那边冷吗？热吗？吃得惯吗？睡得好吗？飞机会晚点吗？会水土不服吗？只要一想到这个话题，我就立马成了唠里的老妈子和天真烂漫好奇的小少女的混合体，狗都嫌啊。

刨去在上海胡吃海喝的两天，在新西兰实际上是十九天。套用五月天《放肆》的一句歌词：旅行永远是逆光，只有剪影的模样，会有什么改变什么体验，不要只猜想。

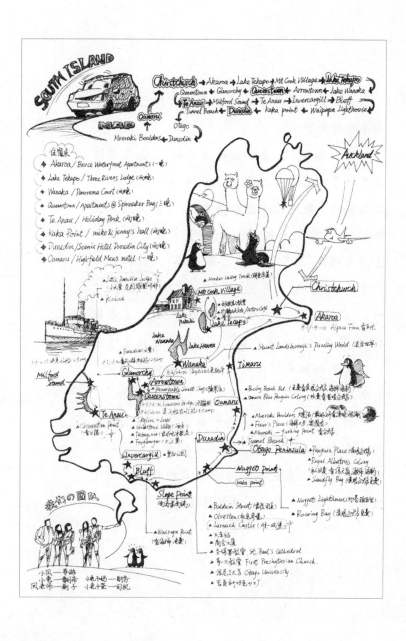

SOUTH ISLAND MAP

Christchurch → Akaroa → Lake Tekapo → Mt Cook Village → Lake Tekapo →
Queenstown → Glenorchy → Queenstown → Arrowtown → Lake Wanaka →
Te Anau → Milford Sound → Te Anau → Invercargill → Bluff →
Tunnel Beach → Dunedin → kaka point → Waipapa Lighthouse

Oamaru
Otago
Moeraki Boulders → Dunedin

住宿点
◆ Akaroa / Bruce Waterfront Apartment (一晚)
◆ Lake Tekapo / Three Rivers Lodge (两晚)
◆ Wanaka / Panorama Court (两晚)
◆ Queenstown / Apartments @ Spinnaker Bay (三晚)
◆ Te Anau / Holiday Park (两晚)
◆ Kaka Point / mike & jenny's hall (两晚)
◆ Dunedin / Scenic Hotel Dunedin City (两晚)
◆ Oamaru / Highfield Mews motel (一晚)

Auckland

Little Paradise Lodge
Kinloch

Hooker Valley Track (徒步步道)
Mt Cook Village
Astro Café
Lake Tekapo
Lake Pukaki

Christchurch

Akaroa
Alpaca Farm 羊驼场

Lake Wanaka
Lake Hawea
Paradise

Stuart Landsborough's Puzzling World (迷宫世界)

Milford Sound
Glenorchy
Arrowtown
Remarkable Sweet Shop (糖果店)
Queenstown

Timaru

Bushy Beach Rd. (黄眼企鹅企鹅场/海岸步道)
Oamaru Blue Penguin Colony (小蓝企鹅企鹅场)

Oamaru

Te Anau
Moeraki Boulders 大圆石
Fleur's Place (海鲜餐厅)
Moeraki — fishing Point 有灯塔
Tunnel Beach
Otago Peninsula
Penguin Place (黄眼企鹅)
Royal Albatross Colony (皇家信天翁)
Sandfly Bay (海狮企鹅海豹)

Invercargill
Bluff

Nugget Point
kaka point

Slope Point

Nuggets Lighthouse (灯塔)
Roaring Bay (黄眼企鹅)

Waipapa Point

遊俠の團隊

Baldwin Street (最陡街道)
Olveston (古老豪宅)
Larnach Castle (城堡)
火车站
商会厅
圣保罗教堂 St. Paul's Cathedral
第一长老教堂 First Presbyterian Church
奥塔哥大学 Otago University
吉百利巧克力公司

以混乱开头

　　吃完晚饭，悠闲地向旅馆走。天上飘着毛毛雨，在这闷热的天气，打在脸上很舒服。雨水越来越大，为了避免大面积湿身，躲在街边店铺的檐下等着阵雨的结束。但雨丝毫没有减弱的意思。不到一分钟，就砸得噼啪直响，成溜的水顺着屋檐哗哗地从眼前落下。草率地商量后，我和老爸决定奔到几步之遥的旅馆借伞。

　　两个人就这样冲进了雨中。在雨中撒丫子狂奔，暴雨迎面打来全部糊在脸上，镜片完全模糊，一脚深一脚浅地跑在凹凸不平的人行道砖头上，被踩得炸开的水溅了一身。没关系，一转弯就到了。我安慰自己。很快，到了弯口，我伸出胳膊做出推门的准备，但透过朦胧的镜片，我好像没有看见什么。我用手抹了一把脸上的水，再看，黑压压的绿化带。心里一个闪电劈过。裤子已经湿透绑在腿上，已经顾不得跑在后面的老爸，只想能快点到达那个亮光的小地方。好像跑了一个世纪，终于，我推开了门。牛仔裤深了几个色调紧紧包着大腿，短袖也皮一般地贴在身上，刘海成条地耷拉着，水顺着头发、脸不停地往下流。前台的店员不忍直视地递来一沓餐巾纸,我都不知道该擦哪里好。

好不容易,五个人都湿漉漉地站在了宾馆的大堂里。天气诡异到连许多司机都不愿接,只好看着满地的行李发愁。一个大纸箱,两个手提包,三个箱子,四个双肩背包,五个活生生的人。两辆车也是够呛。就在这时,门外的风雨中跑来一位打伞的白衣湿身男子,向我们招手,夺过行李一边塞进后备箱一边说:"能坐下,都上都上!"两个箱子一个纸箱就占满了桑塔纳的后备箱,还有一个大箱子在路边孤零零地呆着。司机湿透的短发根根立起,一把举起箱子钻进后座就是一顿硬挤乱塞。他跪在后座位上,小腿肌肉一鼓一鼓地发力。五个人完全惊呆地在雨中伫立着,一个黑箱子就被这样硬生生卡在了靠背和后窗之间。司机拍拍手,一副轻描淡写的样子:"上啊! 都上!"车开出了几十米,我才反应过来,后座位上居然小腿贴小腿地装了四个人,再加上前面的一个人和大家腿上的袋子,所有东西居然都被塞进了这辆小车里! 枕在箱子边,肩膀被老妈和干爸紧紧夹住,车穿梭在大雨中。"师傅你真霸气!""没事没事,应该的。"

遇到这样残暴的雨,晚点是肯定的。拖延了三个小时,终于离开了陆地,飞上天已经是凌晨的事情了。

疲惫的飞行后,五个人在转盘前打着哈欠候了一个小时,各种箱子从眼前唰唰地转过,又被各种手拽走,就是不见我们的小黄和大黑。之后,我们穿着短袖,在温度为个位数的奥克兰被告知行李还滞留在新加坡,第二天中午才能拿到。震惊,恐慌,不知所措。看着同机的乘客都从容地从箱子中翻出厚外套,再看看自己,跟裸奔似的。裹紧好不容易从包里拽出来的薄衬衫,走在寒风飕飕的夜里随时要哭出来。哆哆嗦嗦上了范叔叔的车,屁股刚挨到真皮座椅冷得一激灵。

　　一进孙阿姨家,五个人就被裹上各种鲜艳颜色的棉衣。在新西兰生活了十几年的他们,生活习惯却没什么改变,走入这栋看起来洋气奢华的大房子,摆在桌上的是白花花的肉包子,窗台上晒着笼屉,碗里的小菜是酸豆角,罐子里是自己做的花生糖,电视里正放着《非诚勿扰》。在孙阿姨家喝完茶已经是半夜了,到了旅馆立刻倒头就睡。

清新洗礼

一早从床上坐起来,隔着玻璃看外面湛蓝的天空,心情说不出来的舒畅 。吃完早饭,一行人五颜六色地出发了。

缓慢地行驶在奥克兰(Oakland)的街道,路边都是矮矮的小楼房,没有了城市里的密集高层,这里的天更辽阔更唾手可及。早上的风吹在脸上还有些冷,但纯净的空气让人幸福到发晕。街道上没有霸道横行的电动车,路边跑步锻炼的人倒不在少数,短袖短裤,露着两条毛腿。有的手里还握着一条狗链,尾巴圆圆的小型萌犬,长毛飞舞的潇洒大狗,口水垂在脸边的兴奋老狗,都领着主人跑在道上。

一树山的景是安逸的。棕色的粗树干,青绿的草地,蓝歪歪的天。七八月份是新西兰的冬季,不再是漫山遍野的葱翠欲滴,光秃秃的褐色枝条强有力地直指天空,在坡上、平地上,以舒展自由的姿态妖娆存在。草地是一如既往的绿,在冬日阴雨的浇洗下比盛夏暴晒下露出的枯黄多了一点滋润。很难看到泥土的颜色,一层盖一层的草已经完全覆盖了土地,走在上面有软绵绵的反弹,泥土的芬芳毫无保留地四处弥散,每走一步,每踩一脚,都像是从地下

192

挤出了些精华灵气什么的。四面八方,从小道弯路时不时窜出来健壮的跑者,颜色醒目的 Nike 跑鞋点燃整座山的活力。

木质的围栏圈着肥羊,大大小小的羊屎牛屎离奇地散落在各个角落,让人不得不处处提防。车一直开到最高处,站在石碑旁俯瞰一树山,俯视奥克兰,风格迥异的住宅,满眼的绿,像个小镇一样安静美好。微凉的风从不远处的海那里吹来,温暖的阳光洒在肩上,深吸一口,空气清新依旧,抬头仰望,天空蓝得照常。

经过一树山的清新洗礼后,驱车来到黑沙滩。沙子在浸泡海水后闪着光,几只白色海鸟凑在一起,占领着一小块地。不怕冷的欧洲人拿着冲浪板把自己砸进浪里,怕冷的我们裹着羽绒服站在离海不远的高处。新西兰的西海岸海浪汹涌,远远的浪向岸边袭来。一片蓝的海水,凸起的白色浪花就十分明显,两拨从不同方向冲来的浪聚在一起,白色的浪头在相遇的那一秒汇成一股,继续向前。有的发力过早,离岸还远的地方就在空中炸开,等被其他的浪推送到岸边已经衰弱得不值一提。有的表面平静,暗波汹涌,在宽阔的黑褐礁石边突然拔起老高,重重砸下去,撞上去,海水就顺势跳上了礁石,留在了坑坑洼洼的表面。一不注意,浪拍在身后的石头上,溅起的水泼了一身,在牛仔裤上留下星星点点的印迹。

远处的海滩上,两只狗在互相追逐,在浅水中发癫地奔跑着。在栈道上吹着小风晃悠,大海中伫立着常年腐蚀后各具风骚的高石柱,上面挤满了成群的信天翁,肉嘟嘟的身子被白色的羽毛盖着,不知道是胖还是懒,除了偶尔几只飞起来在周围小范围溜达,其他的一动不动地呆在原地,愣头愣脑地左顾右盼,完美诠释着"生命在于静止"。

玻璃球般的眼睛

飞机一路摇摆,好不容易落在基督城机场。迫不及待地直奔超市,看着满满当当地装了一车货,才愉悦地驶向阿卡罗阿(Akaroa)。

说是75号公路,其实就是一条乡间小路。透过车窗,路边就是开阔的青草地,远处是连绵的山脉。羊,牛,马,慵懒地散落在各处,近了,就看见肥硕颤动的身躯,远了,就是一个一个的小白点,在山坡上无声无息地游荡。树,都被修剪成长方形,隔在小路和农家之间。树在疯长,从底到顶,笔直,冲天。向路的那一面像被统一削平,枯黄掺着暗红,和着灰白,映着四下的浅绿草、深绿山,背景是无云的淡蓝天。左一块右一块,这一截那一截,长长短短,漫山遍野。

山路蜿蜒。透过层层的树叶遮挡,晶蓝的水面一闪一闪,彩色的屋顶围绕四周,漂着几艘纯白小游艇,水鸟盘旋,偶尔撞击水面,短短的主街道上行人寥寥。车开进车库,食物塞进冰箱。坐在海边的木椅上,想起舒婷曾说的"山像一群光头和尚并肩拥坐四周",

回过头看背后的群山,倒像是被扯成条的面包片随意叠加。最上面一层是落日染的血橘,中间是山原本的黛青,下层是黑色和星点的光亮。看着天边最后一抹云彩转成灰黑,夜,来了。

一顿自然醒的爽觉,拉开窗帘就看见三三两两的在空中盘旋的白色海鸟和树丫间跳跃的麻雀。早餐后还剩余半袋面包片,提着塑料袋就下楼喂鸟去了。

海边的座椅旁,空无一鸟。揪下一小撮面包,揉成团,丢在地上,一只鸟漫无目的地飞过,停了下来,晃动了一下脑袋,啄了一口。又扔了几颗,一时间乌乌泱泱地从天而降。不停地抛不停地吃,啾啾啾地挤得满地都是。一块碎面包,五六只海鸟蹦跶起来争抢。肆意地挑逗一大群鸟,心情愉悦得很。

渐渐地,事情的苗头不太对了。海鸟成队地向我逼近,越靠越近,前面,侧边,各个方向。我被鸟包围了。赶紧把面包往远处扔,企图引开它们,谁知道它们个个是机智的小淘气,争先恐后地哄抢,紧接着又掉头继续靠近。我揪面包的手开始发抖。突然,一只鸟飞起来,停在我斜上方的空中,用一对玻璃球一样的小眼睛无表情地直勾勾瞪着我。它的嘴巴是红色,尖得怕人,我后撤一步,它跟进一点,我向左移动,它紧紧跟着。我无法控制地哀嚎着,"快啊,来救我啊!快啊!"期盼支援的眼神依次扫过四个人。一个,喂鸟喂得不亦乐乎;一个,在远处笑意盈盈地注视着我;剩下两个无良"摄影师"举着单反,一脸兴奋地对着我狂按快门,一边拍一边咯咯地笑。那一刻,尝尽人世间冷暖。那一刻,整个世界都是十分不友好。

鸟,从我的头顶唰地飞过,从我的脸前咻地滑过,在我上方盘旋,在我四周气势逼人地辗压过来。越来越多的鸟不耐烦于地上等食,成群结队地悬在低空,凶狠地看着我。我回头看看,后面几步就是岸,已经不能再退了。我把手里剩余的一大团胡乱甩出去,捂着脸冲出重重包围。"恶心死了! 恶心死了!"我一路大呼小叫地逃到远处的座椅上,坐下来,带上耳机压压惊。

远处,海边,四个人的笑声此起彼伏。回想起来,略屎,略娘。

看 羊 驼

离老远就看见前面的山头上几只动物伸着长长的脖子向山下打量，我心脏一颤。哦！羊驼。

刚见面，羊驼农场（Alpaca Farm）的主人就是一番热情的絮叨，一边听着一边打量周围，屋子里摆放着羊驼毛制品，看起来就毛茸茸的温暖。主人慢悠悠地把我们领进了另一间房，一只浅色的羊驼抬起头，从又黑又大的圆眼睛里射出的诡异的光越过盖在眼睛上的浓密刘海直盯着我，嘴里塞得鼓鼓的，脸上挂着一团杂草。它叫小傲。

小傲有一簇厚实的齐刘海，我牵着它的绳子踩在草坡上，彪悍的野风让我和小傲的发型在斜刘海和中分间任意切换。放眼望去，满屏的羊驼。米白的，蛋黄的，浅褐的，深咖的。小傲却是灰色和白色交织的。它们的毛紧实地挤着，小傲却是一缕缕的，像是几个月没有洗的油头。我拽着这只从头到脚都别致极了的小傲，骄傲地走着。

分男女宿舍的羊驼们在这里生活得很自由。低下头狠狠啃一口草,呆呆地看看四周,撅起小屁股,黝黑的粪球们噗噗噗地排着队往下掉。一只小黑从远处奔过来,突然小小地腾空一跃,在空中极不协调地抽搐一下,落地,浑身的毛一震。一只小白一只小褐,修长的脖子短胖的小腿,相互掐着,推搡着,脸对脸地喷着口水。羊驼宝宝和妈妈生活在一起,一个个矮矮的小身子钻在妈妈的肚子下仰着头喝奶,妈妈负责用最最凶狠的眼神扫视周围,但蠢呆的脸蛋暴露了一切。

室外的夜风粗暴地刮在脸上,玩了一圈,回小屋吃吃饼干喝喝茶,闻闻脖子上的羊驼毛围巾,嗯,淡淡的臊味。

冷艳的星空

城市的夜晚,抬头仰望,避开栋栋高楼,天空一团乌黑。浩瀚星空对于我来说就是孤独闪烁的一两颗星星。

特卡波(Tekapo)牧羊人教堂是著名的星空保护区。晚上九点,三个人全副武装——厚衬衫,羊毛衫,羽绒服,羊驼毛围巾,毛线帽,羊驼毛手套,保暖裤,密不透风地准备出门,但一开门,还是被强劲的风刮了回来。

一下车,抬头,亮度不一的星,大小不同的星,散落四处的星,密密麻麻的星,铺天盖地的星……一条淡白色长带浮在那,类似风干了的口水,那是我在明信片上看过的银河。人,在风中就像无助的床单,迎着风眼皮都抬不起来,在车上好不容易盖住刘海的帽子瞬间来到后颈,略肥的裤腿在风中狂抖,感觉整条裤子都即将随风而逝。三个人下意识地扎起了马步,翘着臀部,昂着头,脑子里只有星空,完全无视了对方的奇形怪状。脖子渐渐僵硬,有了断的趋势。哆哆嗦嗦地打开手电,颤颤巍巍地找了块草地躺下。身下是湿的地,睁眼,就是天。

细细碎碎，无边无际。静止的星，掀起"滔天巨浪"。

歇斯底里的风渐渐文静了下来。彻头彻尾的震撼，扑面而来的霸气。和这高贵冷艳的星空比起来我就是一邋遢大叔。

不可逆转的饮食习惯

半个月前，我不会相信我在新西兰的星空下大吃酸辣包菜丝。半个月前，我不敢想象我在南半球满嘴"老干妈"的香辣气息。半个月前，我不会觉得我在大洋的彼岸会捧着一盘热乎乎的蛋炒饭，旁边还有一锅热腾腾的牛肉烩土豆。

之前几次去东南亚玩耍都在饮食方面纠结万分，一开始对东南亚美食赞不绝口，流连忘返，从第三天就开始想念中华料理里纯正的酸、纯粹的辣，无比期盼一点咸菜、一口白米饭、一筷子土豆丝、一个牛蛙干锅、一碗紫菜虾米蛋汤。孙老师一家来到新西兰十六年，依然混迹于各个华人餐厅，对意面牛排毫无热情。骨子里对中华料理赤诚而热烈的爱塑造了不可逆转的傲娇饮食习惯。

即将开始十几天的南岛旅行，伺候好自己的胃是头等大事，提前两天就到当地超市考察市场。新西兰的食材比起中国是顶好的，但缺少了平日的调料再怎么组合也做不出那熟悉的味道。不能亏待自己，我们一路摸索来到了当地的华人超市。

奥克兰的华人数量不少，随之孕育而生的华人超市、华人餐馆遍地都是。踏着烂菜叶走进超市，亲切感瞬间扑面袭来。左一排老干妈，右一排李锦记，一筐土鸡蛋边上几包旺旺雪饼，山西刀削面、四川担担面、龙须面，堆了一个架子。左挑右选，斟酌思量。菜基本解决，米饭也含糊不得。没有米饭的日子是难熬的，米饭难吃的日子更加痛苦。一行人又冲进孙老师家扫荡，顺了一把八角，端了一个电饭锅，提了一个炒菜锅，又配了一把锅铲，屁颠屁颠、心满意足地离开了。

回到旅馆，开始收拾第二天去南岛的行李，看看满地都是些锅啊、铲啊、酱啊、面啊，不知道的人以为我们要去"逃荒"，明白的人都知道我们要在新西兰南岛打造一个合肥城。

本计划徒步上山，结果被毫不留情的暴雨夹冰雹砸碎了计划，回程的路上想起附近有家新鲜的三文鱼店，刚才的失落一扫而光。全车的吃货瞬间精神饱满地行动起来，四个人紧紧地贴在车窗上，死死地盯着路边的任何路牌标记，连司机也不甘寂寞地左顾右盼。一大伙人穷凶极恶地冲进了那家路边的小店，先来一盒尝尝！五个人拿着牙签对着一盒三文鱼戳，芥末和酱油搅和在一起，不住地咂吧咂吧嘴，幸福感秒秒钟爆棚。看着柜台里的各种包装，魄力十足地对着老板"this，this，this，this（这个，这个，这个，这个）"。果断抱了四大盒三文鱼大摇大摆、耀武扬威地走出店铺。

新西兰下午五六点，夜幕就早早降临。五个人围在桌前，三两盘熟悉的菜，一碗白花花的大米饭，没有水土不服拉稀跑肚，没有思乡想家茶饭不香，傲娇的小胃如沐春风。

君临城下的快感

瓦纳卡迷宫世界(Wanaka Puzzling World)的草坪上有一座夸张的倾斜建筑物,看了就让人有冲上前犯傻扮二的冲动。

所谓的迷宫就是用木板、桥梁、高塔围造出来的混乱空间。一开始,我自以为凭借多年以来在报纸、杂志上玩迷宫的经验,走出这里应该不成问题。但走了十几分钟之后就产生了深深的挫败感。信心满满地选择了一条路,一转角,一堵墙横在眼前。费劲地来到高处的桥上,登高望远地规划路线,结果一下桥,立刻傻眼,刚才有模有样的想法全部忘掉。四处碰壁,心理崩溃。高塔就在眼前,可就是越走越远,身不由己。可恨的是走几步就能看见一个出口,退出?继续?一边是失败的耻辱,一边是无头苍蝇般的自我怀疑。但更加让人纠结的是相邻的两条道路、两座桥,道路和桥之间的空隙完全可以供人轻松翻越,偷偷翻过去会节约大量时间,但可能会遭人白眼和鄙视。坚持不翻守住了道德底线,但也许永远不能到达另一边。唉!谁设计的破玩意!

兜兜转转又重返原地,左右徘徊无从选择。在很多路口,我和老爸都意见相左,一度觉得他简直不可理喻。就这样莫名其妙地登上了四座高塔中的三座,每登上一座,掐着腰俯视迷宫里其他乱窜的可怜人,有一种由内而外的骄傲感,君临城下的快感忍不住地迸发。还有最后一座绿塔,怎么也无法靠近。迷宫里的人们互相都已经面熟,在拐角偶遇时都像见到共患难的兄弟一样亲切。

正在思索如何征服最后一座高塔,老妈的声音从围墙外传来。天色已晚,她担心新西兰人早早关闭超市,催促我们结束。是登上高塔的荣耀还是晚上的一顿饱餐?一番思想斗争后我果断选择后者。四面瞧瞧,确定没人看见,把门打开一条小缝,迅速地钻了出来。

坐在开向超市的车上,想象着别人成功后耀武扬威的模样,心里还有点失落。

一秒变猪头

"一万五千英尺。自由落体一分钟,降落伞打开后五分钟。"这行字让我一个上午都心神不宁,焦虑不安。

下午两点,到瓦纳卡跳伞公司,一番简单的介绍后,我把自己塞进了宽大的跳伞服里,忐忑地签下了生死状,开始了静静的等待。迎面来了个女人,二话不说用各种黑色安全带把我捆了一圈,悲壮色彩又平添了几分。和我一起的是三个韩国人,刚穿好衣服就从包包里掏出一面国旗,相互拍照。和他们一起,我爬上了橙色的飞机,两腿叉开坐在蓝色的长条椅上,手紧张兮兮地捏着大腿。飞机倾斜着向上飞,教练左右比划指着窗外的景色。我一边无法控制地发抖,一边还要探头探脑地瞄上几眼。

飞机停了。舱门唰地打开。风灌进来。一下子崩溃了。

我完全吓傻,面对一万五千英尺,呆在座位上。但和我绑在一起的教练没有呆住,他迅速地挪到舱门边,使我整个人都悬在空中。他的屁股离开飞机,我俩一起翻滚着掉了下来。头朝下,心跳疯狂。强有力的气流直接冲过我的脸,我真切地感觉到脸上的肉肉在空中狂舞乱飞,整个上嘴唇快要翻过来,口腔里鼓鼓的全是空气,事后看录像也证实了这项运动确实有让人秒变猪头的神奇功效。之前听说张嘴会有口水乱流,但依我看就算是吐了也会被吹回嘴里。教练拍拍肩膀,示意可以张开双手,我伸直双臂,有要被折翼的感觉。

终于,他打开了降落伞,速度一下子慢了下来。远处的雪山气势磅礴地傲立,像是连成片的雪白巨塔,上面攀爬的蓝黑色沟壑纵横。雪山前是层层叠叠的黄草山,屏障般地横在那,身下的绿色田野一块一块码得整齐,小平头一样浅浅地、淡淡地铺在地上。从天缓缓而降,自我感觉是天使降临人间,据地面上的老爸反映,我们就像被飞机排出的粪球。

在空中看见那个韩国人,她的伞比我低一些,拼命地挥手打招呼,她也激动得手脚乱抖。离地面越来越近,伞在空中画弧。教练又拍了拍我的肩膀,尽力地抬起双腿,着陆。屁股在青草地上蹭过一段距离,彻底地停了下来。

略缓一分钟,隐隐感觉这玩意是会上瘾的。我又被引上这一高端不归路。

卡瓦劳大桥蹦极

经历了昨天的跳伞，觉得日后的人生相比之下就是风平浪静了，蹦极什么的，屁大的事情。

天上零星地飘着小雨，推开皇后镇卡瓦劳蹦极公司的大门，满满的人。大厅里有几块硕大的屏幕，随时直播大桥跳台上的任何情况。桥上更是堵塞，大部分人都举着相机等待别人跳下的精彩瞬间，要么就是双手插兜，在风里缩着脖子向跳台那边张望。

跳之前要核实信息，登记姓名，按要求在秤上过了两遍，左右手被分别用彩色马克笔写上了体重和编号。感觉自己像即将被杀的猪崽子。徘徊再三，上了桥。

在我之前的是一对情侣，绑在一起，尖叫着坠下去。吹着冷冷的风，看着桥下奔流的水、周围的青山，有点走神。工作人员把我的安全带系紧，我坐在地上，淡定地看着他们在我小腿上左缠右绑。两只脚被束缚，一蹦一跳地来到跳台，向下望了一眼。啊！刚开始以为什么人生不再汹涌，这明明就是另一个高峰啊！这奔腾的水，这围观的人！这老大的屏幕！我不要！我想溜啊！这时候身边的工作人员让我对着镜头和观众打招呼。这都什么时候了还跟观众打招呼!? 我都这样了还友好个什么啊!? 我拧着脸小小幅度地挥了挥手,面如死灰。

手死死扣住栏杆。视死如归地看着天边的云朵,等待着背后猛地一推。但,没有。两个外国哥们儿笑嘻嘻地说只有自己跳才够刺激。我发抖地说,你可以推我。他说,不,我不推。那一刻我开始怀念那个在大连毫不犹豫推我一把的人。

没有什么! 我往前挪了两小步,纵身一跃,就这样掉了下去。本来还打算在空中喊点什么,发现根本顾不上,以至于停下时才感觉自己的肚皮完完整整地暴露在空气中。两手张开向下冲,好像时间都静止了。离水是越来越近,又恐惧又兴奋的奇妙感觉。猛地一震,我又被拉回高空。反反复复,浪花在我眼里忽大忽小,终于不再波动。在空中打转,颠倒的世界看起来不错,还没来得及喊一嗓子,已经结束了,倒是围观的人哇哇直叫,挺激动。

脚重新踩在地面上,荡漾奔腾的心渐渐平静。沿着石阶向桥上走,背后忽然传来一声划破天空的凄厉惨叫,一回头,一个金发妹子正在空中飞翔。

旁观者的悲哀

被一艘与泰坦尼克号同时代的老船载到岛上,吃了几块美味的小曲奇,期盼着剪羊毛。

一位老人精神抖擞地登上了小高台,俯视着我们。他麻利地脱了外套,挽起了袖子,露出精壮的手臂。身后的栅栏内围着三只羊,若无其事地东张西望,淡定地打量着台下。围栏被老人猛地拽开,三只肥羊立刻惊恐起来,乱叫瞎窜,都一个劲往角落里缩。老人轻而易举地拖出来一只,其他两只立刻换了一副姿态,又重新悠闲地靠在木门前,大肥脸挤在两块木板之间,窃喜着偷窥伙伴的遭遇。

刚刚还扯着嗓子嚎的羊瞬间尿了下来,安安静静地任凭老人拉扯它的身体,厚实的羊毛在地板上蹭了一长道印痕。电动武器已经嗡嗡作响,羊还保持着呆滞的表情,像一堆死肉,任人摆布毫不还手。老人很快灵活熟练地解除了羊毛武装,粉嫩的肉体完全暴露在空气中。但一点也不可怜。脑子里飘过历史老师曾经说过的一句话:弱者活该被人欺。

　　它有四只蹄,体重最少超过五十公斤,为什么不反抗? 它们三个联合起来完全可以突破老人的防线,何必要争着抢着窜到角落。被剃得像个异类的羊光秃秃地回到围栏里。其他两只无动于衷。它们不晓得在下一拨客人来时,眼前伙伴的模样就将是它们的惨状。只是时间问题而已。

雪后偶遇胖鸟

虽然已过立秋,但合肥的太阳依旧毒辣。在新西兰蒂阿瑙(Te Anau)穿着抓绒衣和羽绒服闲逛,确实算是避暑消夏。

清早起床,窗外已经开始飘雪。白色的碎片随着风游荡飞舞,落在草地上,一层盖一层地越积越厚,拍在玻璃上,一点一点越变越小,化成水珠,一滴一滴再汇聚成细水流淌而下。窗外不远处,有一个大湖。雪无声无息地跌进去,水不动声色地微微波动,一拱一拱的。

天气不好,便要早早上路。新西兰是标准的地广人稀,公路上的积雪纯洁无瑕,几乎没有车轮碾压的痕迹。山上和路边的植被都用向上的那一面努力承接着尽量多的雪,被压得有些下垂,围栏上的白色早已是高高隆起,黄色的路牌也加了一道边。隔着湖看山,满山的树和疏密不一的积雪让整座山看起来像件粗纺的混色毛衣,白一块,黑一块。带着细碎毛边的雪,还在肆意逃窜。广阔的湖仍然敞开怀抱,也不知道吞掉了多少块碎片。

车在雪地里前行。远远瞥见一棵火红的树鹤立鸡群于周遭的白茫茫之中,开近了才看清它消瘦笔挺的红枝条,唯有指着天的冠顶上落了薄薄的一小撮雪。但这抹红不是唯一的色彩。山林透露着深绿,草地隐现出嫩黄,公路旁农场里健壮的黑牛,厚实云层缝隙后的一片蓝……都让这个被雪侵蚀的世界不那么平静。

雪来得出乎意料也化得神速,等到了蒂阿瑙已经不见踪影,只是天似乎更加通透。

今天的计划是去米福德峡湾(Milford Sound),八点半就开车上路了。一抹淡淡的云似有似无地横在山的半腰,草地里闪着金光。路道边耷拉着的绿叶植被披着粉白的薄壳,遥远的雪山,山头在一片朦胧后被洒满阳光。早上的山和从犄角旮旯冒出来的云露霜雾都生机勃勃着。

路,起先是沿着湖修建的,预留了一些停靠点。停下来,下车走走,发现一座栈桥。桥不长,生锈的金属衔着泡过水的木头,从岸边伸出去。湖边的绝大部分都原封不动地投进水里,但水里的东西动感一些、轻一些。

车沿着细窄的公路一点一点向上,不知不觉进入了雪山的范畴,周围的岩壁上又出现了白斑。雪山的雪是持久的,不像昨天的雪,忽地从天而降,浮在表面,这里的雪是参与了一切,像是被刻在山石里一样。

车再次停在了路边。我嫌冷,不愿下车,摇下车窗伸头瞧瞧。一只雕一样的褐色臃肿生物不知道从哪里窜出来,信步在柏油路上。扔一块饼干下去,它立刻用尖嘴啄起,一颠一颠地跑到草丛里,咔嚓一下先把饼干咬成碎渣,再慢慢低头东啄西啄。在下一个停靠点,惊奇地发现也有一只相同品种的胖鸟碎步踱着,莫非是各自占山为王? 车子发动了,经过它的时候,它扑棱一声飞起来,翅膀下的羽毛是火红的,很好看。

后来查了资料,才知道这胖鸟叫食肉鹦鹉(kea)。

路边的彩蛋

除了偶尔拦路的牛群,新西兰农村的小路上基本没有车。周围都是小丘陵,忽起忽伏的绿草地,牛啊羊啊鹿啊满山坡的。车向前开,突然看见一只长脖子生物。神经突然一紧,啊!羊驼!碰上彩蛋啦!各色的羊驼一字排开,瞧见我们来了,嘴边挂着草屑款款走来。激萌激萌!!硕大善良的眼睛,有种深不可测的感觉,泡面一样的刘海垂下来,棕色的毛,又像兔子又像鹿。

伸出手想摸摸它的头,结果被嫌弃地躲开了。一想,没有吃的人家凭什么理你呢?我看着它紧凑的面相就知道它是个吃货,立刻跑回车里捧了个小餐包回来。揪了一点放在掌心,但萌萌的小家伙就是不肯过来。突然一只黑得伤心的羊驼丑丑地跑过来,用湿乎乎的鼻子拱了拱我的手,我一看,这小龅牙龇的,还是个地包天。小黑真是一只开放的羊驼,乌黑的眼珠子对着我们一顿乱瞟,但由于太黑完全分不清哪里是脸哪里是眼。萌出血的小棕远远地静静地观望,纹丝不动。唉,真是长得丑胆却大。

慵懒或躁动

摸着自己的肚子觉得不能再这么吃下去了。想起昨天没看见企鹅的失望，补偿一下是必须的。

据说食人湾（Cannibal Bay）可以看见虎克海狮。踩着杂草踏着沙滩，以为会是满眼的海狮，结果看到的是一望无际的海。不甘心啊。五个人举着望远镜和长焦，脚步笃定地向深处进发。

走了一段距离，连海狮毛都没见着。大家集体陷入了癫狂。看见一些被压过的草堆就围上来细细分析，瞧见沙滩上的凹坑一口咬定这是海狮的臀印，光天化日之下的几坨粪便也让我们一阵狂喜。持续了十几分钟，终于，我没了兴致，慢吞吞地在后面踢着沙子。

"快快来啊！！"何爸爸在前面放声高呼，胳膊挥得像个风火轮一样。我秒秒钟飞奔过去，一看，一个黑色的、肉滚滚的大块头慵懒地趴在沙滩上。哦，虎克！！滚筒洗衣机一样的身材，短短的四肢蠢萌地压在身子下面，黑黑的皮肤上沾满黄黄的沙，小眼睛一动一动的，小嘴巴一张一张的。完全不像个有攻击性的肉食动物。

　　两个单反开始蹲下来左右找角度，剩下两个手机也在前后徘徊，我就端个望远镜遥远地和它对视。这货若无其事地躺了一会，一扭，直接翻了个身，黄白的肚皮毫无保留地暴露了，一副起不来的傻样，开心地扭啊扭，四肢扑闪扑闪个不停。

　　萌萌的样子到此为止。也不知道是哪里惹到它了，虎克瞬间仰起脖子，最大限度张开小嘴，露出可怕的牙，扑腾扑腾地冲过来，吓得啊，撒丫子跑啊，不敢回头啊。跑了一会发现明显高估了它，它也就挪了几步，又一歪，躺下了。看着它又恢复了萌样，干妈从它身边静悄悄地走过，这熊海狮又爆发了！比上次更快，风一般地直接扑过来。她掉头就跑，它一颠一颠地追。干妈往水的方向逃去，忽然想起来这货貌似善水啊！于是又折回来向陆地狂奔，一脸的惊恐，眼睛都大了一圈。

　　这货又躺下了，两个摄影大哥调戏海狮的小心思又骚动起来，越靠越近，等着抓拍海狮发飙的瞬间。这东西真的太不矜持了！又躁动了，又奔跑了起来！我跟老妈在很远的位置吓得想跑，声嘶力竭地阻止。看着草丛，默默地幻想着一大群海狮从里面蹦出来，组织着队形包夹我。哦……我又忍不住喊了一句："老爸你不要再弄了!! 它好凶啊!! 你不要再逗它了!!"

　　喊完之后觉得再也没法自称女汉子了。

海边的奥利奥

入住完毕,简单地收拾过后,动身卡卡角(Kaka Point)去找黄眼企鹅。

等了很久,只隐约瞧到一只海狮,带点小失望,下山了。太阳已经落了,最贴近海面的天空有一条橘红,海面上飘着长长的海带群,靠岸的地方洒满了碎奥利奥一样的礁石,成排地迎着海浪的拍打。

远海的地方沙子都像被夯过一样平整,近海的地方踏上去都咕噜咕噜地乱响。海浪一潮一潮地袭来,沙滩上留下了拍打的痕迹。傍晚的水退了,露出了大片的潮湿。礁石经过海浪的洗剪吹黑得发亮,隔几步就有一个小水坑,隔几步就是一堆埋在沙里的海带。

冬天的礁石海滩,更适合一个人走。奥利奥岩石上有几只红嘴的海鸟叽叽喳喳地闹个不停,涌起来的海浪在撞击后都变成白色的泡沫,随着水来到沙滩上。礁石的表面像是被剁过的芒果,块状,层层叠叠。礁石和礁石的岩缝中夹满了碎的贝壳,路边的排水管在沙滩上吐出了很多相通的小沟,浅浅的水滑过身下的贝,绕过周围的石,分叉,交融,最后奔进海里。海浪还在不停地蹿上礁石,有的是真的不舍得离开,就留在了凹下的石坑里,轻轻荡着,晃着,摇着。

正在酝酿感情,突然听到不远处有人高呼:"一锅大肉等你来吃!"一回头,看见干爸站在阳台上挥手,果断地噔噔噔地跑回去。在南半球吃到滚烫的鸡蛋饼,泡着红油的"老干妈",真有种想哭的冲动。

人多的时候光顾着抱怨风冷,一个人的时候把手伸进水里摸贝壳也不觉得什么。在岸边碎壳散沙中挑挑拣拣,不知不觉捡起了一个家族。一样的身形不一样的色泽,看的人真是醉了。

海水开始向上漫延,涨潮了。蓝色的羽绒服上有了深浅不一的点,下雨了。海面被砸得坑坑洼洼,沙子也不平整了。手里捧着贝壳,在水里泡得通红,戴着帽子跑回去急忙炫耀显摆。收到了四个大人的略敷衍略浮夸的夸奖,幸福地喝着酸酸的面鱼汤,新西兰慢生活美好得冒泡泡。

他们的校服

不平衡的情绪在初到奥克兰（Oakland）的时候就有了。下午三四点，坐在但尼丁（Dunedin）路边的快餐店里悠闲看着窗外。突然，两个"校服姑娘"进入我眼。为什么为什么?! 凭什么他们的校服如此华丽丽？虽然长裙无法接受，但这衬衫毛衣袜子鞋子绝对是大赞！想想俺那学校的校服，袖口肥得能藏头猪，颜色还弄个跟环卫工人亲子装一样，一把辛酸泪咽进肚中。哈，这个时间你俩是逃课了吧，哦不对，她们这是放学了啊！这么大个子了跟我小学一年级放学一个时间好意思吗？你们知道我放学的时候都天黑黑了吗？正在崩溃中，两个妹子说说笑笑地走进店里，买了薯条靠在门口继续海聊。吃吃吃就知道吃!! 聊聊聊就知道聊!! 赶紧回家啊！在外面瞎逛你作业写完了没，书背了没，考试复习了没？什么时候了还吃薯条，不好好学习就输在起跑线上了！整个人都快要爆炸了，赶紧喝了一口可乐，掉头看看风景。平静下来后惊悚地发现，我这思维像是被班主任同化了！

由于种种原因大冬天我从来不穿秋裤一类的东西，呆在一群套了两三条裤子的同学中感觉自己还是满经冻的。来到新西兰我认为我有必要收回这句话。满大街都是白花花的大腿、白花花的膀子,周围时不时飘过几个短袖短裤的,校服也都是露小腿的那种。自己缩在抓绒衣、羽绒服下,还感觉冷风飕飕。唉!

　　一个城市的校服貌似款式都一样,学校和学校之间只是配色的差别。放学的点,大街上拥着蓝格子红格子绿格子黄格子,看上去还很是精神。只是……同学你露出的小腿红得跟胡萝卜一样,你真的不冷吗?

严寒中的守望

下午,奥塔哥(Otoga)一场突如其来的狂风大雨把毫无防备的我们浇了个透。一直到傍晚,牛仔裤才在体温的作用下完全摆脱潮湿。看小蓝企鹅是在户外,出去之前,吃一堑长一智地包裹到只露眼睛。

一出门就被风吹了一脸。还好观测点不远,靠海,在一丛草旁边。想看企鹅就要等,杵在毫无遮拦的海边,迎面的风呼啸而来,两条腿很快就麻木了,不得不两个人依偎在一起相互取暖。唯一暴露的眼睛被风吹得睁不开,但还要费力地张开一条缝,生怕错过企鹅突然上岸。

黑洞洞的海,让人完全无法判断。只有断断续续的叫声证明着企鹅即将到来。千呼万唤,终于来了。迷你的身材,在水里像是那种浴缸里的玩具鸭,或者是火锅里的年糕。小小的一只把自己藏在岩石中,使劲睁眼瞅都很难找到。过了一会,大部队来了。八只企鹅水淋淋地爬上岸,摇摇晃晃,一颠一颠地沿着石头向上爬,一幅出水胖芙蓉的模样。离得更近些仔细看看,背上一抹绚丽的蓝,身上的毛厚厚密密,跟礼品店里的那些玩具没什么差别。走着走着,三只企鹅停住了。在风里,静止了一般望向远处,然后猛地一抖,继续赶路。很快,小小的身子隐入蓬勃的杂草,不见了。

据说昨晚的客人一共才看见三只,今天看见九只已经很满足了。风吹得人感觉脸上要掉块肉,虽然今晚还会有企鹅陆续上岸回巢,但我们还有更重要的事情要做。冒着风又走回停车场,一路上感觉是被背后的风赶着走的。

半小时后,我们坐在一家广州美食店里。企鹅很可爱,但晚餐显然更可爱。

近距离的窥探

奥马鲁（Oamaru）是看企鹅的天堂。蓝企鹅聚集地（Oamaru Blue Penguin Colony）离我们的汽车旅馆很近，订完票，随便转悠。镇中心随处可见宏伟古典的教堂高楼，但大多处于半弃用状态。街道上空无一人，门面小店死气沉沉，一个码头小镇的浮沉兴衰，残酷清晰地呈现。

归巢的时间是晚上五点四十五，有了昨天的经验，出门前每个人都把自己密封到了极致，临出门还顺手抄了两条毛毯。我们的座位离企鹅回巢的必经之地近在咫尺，票价也就多了十块钱，事实证明是超值的。旁边的中国大妈感叹了一句：看企鹅还带着被子。确实，我们就像五个风烛残年的老人，腿上盖着毛毯，在风里闲聊。

相互重叠的礁石缝隙中，突然出现了几个小身影。借着看台边柔和的黄光，十个小企鹅簇拥成一团，弓着背贼头贼脑的，慢悠悠地蹦跶，一踏上草地，像打了鸡血的疯婆子一样开启暴走模式，熟练准确地钻进工作人员准备的小窝里，嘚瑟地嘎嘎叫。浪很凶地打在石头上，真心觉得企鹅会被随时拍下去。时不时地有企鹅从窝里溜出来,在草坪上瞎混,就在眼皮子底下肆无忌惮地走来走去。偶尔也有傻的,站在水边的石头上愣是不上来,玩深沉还是实在蠢?

有两条毛毯罩着,根本不觉得冷。对面看台的人已经走光了,风吹雨淋又离得远,十块钱的优越性淋漓尽致地体现。远远的,海面上漂过来一群黑点。相比于海水,三十厘米的小蓝企鹅太过渺小,只能借助海浪的推力飞跃上岸。明明就快要登岸,一股暗流又把它抬高推远,在水上旋转漂荡,跌跌撞撞的,就是不能靠近。费老鼻子劲上了岸,还没走几步就自己摔了一跤,肉坨一样的小身体向前一倾,看台上一片幸灾乐祸的哄笑声。

原计划看满三十只就走人,但这调皮的小玩意进进出出,后来负责计数的干妈只能用"很多很多"这样的字眼描述。总共看了四十多只,心里惦记着也该回家吃饭了。穿过草地,一群小企鹅到处乱窜,看来企鹅也喜欢晚上在外面瞎逛。

南半球的亲戚

回家的路总是漫长。今天的计划,从奥马鲁(Oamaru)开车赶往基督城(Christchurch),飞到奥克兰(Oakland),在新加坡转机,再飞上海,最后坐动车回到合肥。抵达奥克兰,站在机场外等着范老师的车。十九天前五个人就是在这里端着孙老师家的锅,穿着孙老师家的衣服,带着孙老师的建议正式开始南岛之旅。

孙老师的家离机场不远,一路上范老师滔滔不绝地诉说着十几年前初到奥克兰时不堪回首的辛酸往事,语言不行,物价高,找不到工作,设施不会使用……十几年过去了,当初为了生计放下建筑师的骄傲,帮人挖土剪草的范老师已经颇有成就,并成了奥克兰华人妇女眼中的一枝花。

一进门浓浓的咖喱味立刻点燃兴奋点。吃了几顿枯燥的裹面油炸,面对着赤裸裸热腾腾的诱惑,根本把持不住啊!几个人一坐下就开始狂吃,忙得说话的空都没有了。范老师慢悠悠地拿出两碟豆角,所有人的勺子都对准了冲过去。

饭后他们习惯性地泡茶聊天,我自动撤到沙发上看电视。在新西兰居然看到《非诚勿扰》，想想都亲切。奶奶从里屋冒出来又开始对我进行科普教育，自从上次告诉我吃饭第一口要吃带油的东西后又苦口婆心地告诉我香蕉不能餐前吃。她拉着我的手一脸慈祥地说："好多道理我们年轻的时候都不懂，现在懂了就来教你们这些小人。"虽然心里明白她的好意，但奶奶……"小人"这称呼可以改一改吗？

晚上还有飞机要赶，喝了几壶茶就要出发了。连人带行李被范老师亲自送到机场门口，天花乱坠的煽情没有，只有亲人般的温暖。

　　今天，正式踏上漫漫回家路。坐在基督城的候机厅里，看着躺在脚边的电饭锅君，回忆着这十九天。第一次来南半球，第一次五个人组合，第一次带着作料和锅旅行。从一万五千英尺的高空一跃而下，站在四十多米的蹦极台上发抖冒汗。吃着西红柿面鱼汤感动落泪，尝了口蓝纹奶酪特想呕吐。看小蓝企鹅的萌态心满意足，在魔戒小镇的湖上被风吹雨打大呼坑爹。

　　从第一天对着蓝天白云感叹到后来看窗外美景麻木，从第一天期待新西兰美食到后来坚定对中华料理的忠诚。向往纯净怡人的空气、相当完好的生态系统，讨厌忽晴忽雨的诡异气候。喜爱这里新鲜的食材，恐惧这里人做菜的单调残暴。

　　带不走的留不下，留不下的莫牵挂。十九天结束了，下一个一千多天开始了。永远怀念这个绚丽的暑假，谢谢老妈送我无与伦比的毕业礼物。